网络营销

主编　张　琪

山东城市出版传媒集团·济南出版社

图书在版编目(CIP)数据

网络营销 / 张琪主编. —济南 : 济南出版社,
2018.8
ISBN 978-7-5488-3274-4

Ⅰ. ①网… Ⅱ. ①张… Ⅲ. ①网络营销—中等专业学校—教材 Ⅳ. ①F713.365.2

中国版本图书馆 CIP 数据核字（2018）第 137312 号

出 版 人 崔 刚
责任编辑 雷 蕾
封面设计 胡大伟
出版发行 济南出版社
地　　址 济南市二环南路 1 号(250002)
编辑热线 0531-67883204
发行热线 0531-86131728 86922073 86131701
印　　刷 济南乾丰印刷有限公司
版　　次 2018 年 8 月第 1 版
印　　次 2019 年 5 月第 1 次印刷
成品尺寸 185mm×260mm 16 开
印　　张 12.75
字　　数 220 千
印　　数 1—3000 册
定　　价 38.50 元

编委会

前　言

为了满足财经商贸类中高职学校电子商务专业和其他相关专业教学需要，按照山东省教育厅制定的“网络营销课程标准”要求，我们组织在高校教学第一线的老师联合编写了这本《网络营销》教材。本教材突出应用性和实践性，可作为中高职电子商务、市场营销、国际商务、物流管理等专业的教材，供中高职教师及学生使用。

《网络营销》系统地阐述了网络营销导论、网络营销环境分析、网络消费者购买行为分析、网络市场调研、网络营销策略分析、网络广告及网络公共关系、搜索引擎营销、网络视频营销、网络软文营销、网络论坛与博客营销等内容。全书共十章，内容以“实务、实用”为特色；理论知识的选取和阐述以“必需、够用、适用”为尺度，并注意吸收最新的研究成果和企业工作中实际需要的知识、方法，体现了理论知识与实践能力的有机结合。

为使教学更加贴近实际，方便学生理解，本教材在知识讲解过程中添加“案例导入”“本章小结”“课后习题”“课堂讨论案例”等模块，便于启发学生的思维，拓宽其知识面，提高其应用所学知识分析、解决实际问题的能力。

本教材由张琪任主编，仪云倩、杨成宝、黄效文任副主编。参加本书编写的人员有：张琪编写第三章、第六章，仪云倩编写第四章、第五章，杨成宝编写第一章、第二章，黄效文编写第七章、第八章，孔艳丽编写第九章、第十章。全书由张琪总纂，并修改定稿。

本教材在编写过程中，得到了作者所在院校等有关单位领导、专家及部分企事业单位专家、技术人员的大力支持与指导，在此一并表示衷心的感谢！

由于编写时间仓促，加之编者水平有限，书中难免存在不妥之处，恳请各位专家、读者不吝批评指正。

编者

2018 年 5 月

目 录

第一章 网络营销导论

【学习目标】

☆掌握网络营销的概念和内涵

☆理解网络营销的特点

☆掌握网络营销产生的基础

☆了解我国网络营销发展的过程

☆理解网络营销和传统营销的关系

【关键概念】

网络营销　电子商务　传统营销　整合营销

【引导案例】

李宁的电商救赎之路：连亏三年后首次盈利

2016年3月17日，这一天，53岁的李宁携公司首席财务官曾华锋现身李宁公司业绩发布会。与前几次相比，这一次李宁的底气更足，皆因连续亏损了三年的李宁公司，终于在2015年实现了盈利。年报显示，2015年李宁公司的年度收入为70.89亿元，与2014年相比上升了17%，而2014年经营亏损6.43亿元。在整体毛利率与2014年相比基本维持稳定的情况下，运营费用的下降，使得李宁公司的综合盈利大幅上升。

时间倒退回2010年，那是自李宁公司成立以来的巅峰时期，该年营业额一路攀升至94.78亿元，距离百亿大关只是一步之遥，傲视同行业的安踏和匹克。但好景不长，突如其来的行业寒冬对李宁造成致命打击，2012—2014

年，李宁公司的亏损金额分别为19.8亿元、3.9亿元和7.8亿元，累计超31亿元。与凡客诚品老总陈年相似，2015年李宁频繁向雷军等互联网思维高手学习，借着全国新一轮健身热潮兴起，李宁公司推出的智能硬件设备获得不俗的发展空间。公开资料显示，李宁与小米生态链子公司华米科技合作推出的两款智能跑鞋，已经取得40万销售量的成绩。受益于渠道扩张更加均衡，李宁公司的电商业务收入也实现了双位数增长。2015年李宁公司拓展电商业务使毛利增加和开支比率下降，成功实现盈利。

李宁指出，集团旗下销售网络恢复扩张，2016年计划净增300~500个销售点，当中一半属于自营店。他提到，旗下电商业务2015年占收入的8%，目标未来2~3年占比增至超过20%。

拓展电商业务是李宁未来几年的工作重点，2015年其电商收入同比上升95%，而且已与京东签署战略合作协议，由京东提供产品至门店的整体物流解决方案，优化库存及运营效率。李宁透露，李宁品牌2015年内地电商渠道的销售占比从4.9%提升至8.6%，他指出电商业务毛利率较高，产生的利润更是实体渠道的两倍。

第一节 网络营销的概念、特点

一、网络营销的概念

网络营销在国内外有许多种提法，名词的表述就有如 Cyber Marketing，Internet Marketing，Network Marketing，e－Marketing，等等。本文采用 e－Marketing 来表示网络营销，在这里 e 表示电子化、信息化、网络化的含义，这种表示方式简洁明了，而且与电子商务（e－Business）形成对应。综上所述，网络营销是指为实现企业总体经营目标，以现代信息和计算机网络技术为手段，以网络用户为中心，以市场需求和认知为导向，利用各种网络应用手段去实现企业营销目的的一系列行为。简单地讲，网络营销就是指利用现代电子技术进行的营销活动。对于网络营销的内涵，可以从以下几个方面来理解：

第一，网络营销不是孤立存在的。网络营销是企业整体营销战略的一个组成部分，网络营销活动不可能脱离一般营销环境而独立存在，在很多情况下，网络营销理论是传统营销理论在互联网环境中的应用和发展。

第二，网络营销并不局限于网上销售。网络营销是为最终实现产品销售、提升品牌形象的目的而进行的活动，网上销售是网络营销发展到一定阶段产生的结果，但这并不是结果，因此网络营销本身并不等于网上销售。网络营销是对产品或者品牌的深度曝光。

第三，网络营销不等于电子商务。网络营销和电子商务是一对紧密相关又有明显区别的概念，两者很容易造成混淆。电子商务的内涵很广，其核心是电子化交易，电子商务强调的是交易方式和交易过程的各个环节。网络营销的定义已经表明，网络营销是企业整体战略的一个组成部分。网络营销本身并不是一个完整的商业交易过程，而是为促成电子化交易提供支持，因此是电子商务中的一个重要环节，尤其是在交易发生前，网络营销发挥着主要的信息传递作用。

二、网络营销的特点

互联网好比是一种“万能胶”，将企业、团体、组织以及个人跨时空联结在一起，使得他们之间信息的交换变得“唾手可得”。市场营销中最重要也最本质的是组织和个人之间进行信息传播和交换。如果没有信息交换，那么交易也就是无源之水。正因如此，互联网具有营销所要求的某些特性，使得网络营销呈现出以下一些特点：

（一）电子时空观

营销的最终目的是占有市场份额，由于互联网能够超越时间约束和空间限制进行信息交换，使得营销脱离时空限制进行交易变成可能，企业有了更多时间和更大的空间进行营销，可每天 24 小时随时随地提供全球性营销服务。

（二）多媒体

互联网被设计成可以传输多种媒体的信息，如文字、声音、图像等，使得为达成交易进行的信息交换能以多种形式存在和交换，可以充分发挥营销人员的创造性和能动性。

（三）交互性

互联网通过展示商品图像、商品信息资料库提供有关的查询，来实现供需互动与双向沟通，还可以进行产品测试与消费者满意调查等活动。互联网为产品联合设计、商品信息发布，以及各项技术服务提供最佳工具。

（四）个性化

互联网上的促销是一对一的、理性的、消费者主导的、非强迫性的、循序渐进式的，而且是一种低成本与人性化的促销，避免推销员强势推销的干扰，并通过信息提供与交互式交谈，与消费者建立长期良好的关系。

（五）成长性

互联网使用者数量快速成长并遍及全球，使用者多属年轻、中产阶级、高教育水准，由于这部分群体购买力强而且具有很强的市场影响力，因此是一项极具开发潜力的市场渠道。

（六）整合性

互联网上的营销可由商品信息至收款、售后服务一气呵成，因此也是一种全程的营销渠道。

（七）超前性

互联网是一种功能强大的营销工具，它同时兼具渠道、促销、电子交易、顾客互动服务，以及市场信息分析与提供等多种功能。它所具备的一对一营销能力，正是符合定制营销与直复营销的未来趋势。

（八）高效性

计算机可储存大量的信息，代消费者查询，可传送的信息数量与精确度，远超过其他媒体，并能应市场需求，及时更新产品或调整价格，因此能及时有效了解并满足顾客的需求。

（九）经济性

通过互联网进行信息交换，代替以前的实物交换，一方面可以减少印刷与邮递成本，可以无店面销售，免交租金，节约水电与人工成本，另一方面可以减少由于迂回多次交换带来的损耗。

（十）技术性

网络营销是建立在高技术作为支撑的互联网基础上的，企业实施网络营销必须有一定的技术投入和技术支持，改变传统的组织形态，提升信息管理部门的功能，引进懂营销与计算机技术的复合型人才，未来才能具备市场的竞争优势。

第二节 网络营销的产生与发展

网络营销是伴随互联网进入商业应用和信息技术的发展逐渐诞生与发展的，尤其是万维网、电子邮件、搜索引擎等得到广泛应用之后，网络营销的价值才越来越明显。电子邮件虽然早在 1971 年就已经诞生，但在互联网普及应用之前，并没有被应用于营销领域；到了 1993 年，才出现基于互联网的搜索引擎；1994 年 10 月网络广告诞生；1995 年 7 月全球最大的网上商店亚马逊成立。1994 年被认为是网络营销发展的重要一年，因为网络广告诞生的同时，基于互联网的知名搜索引擎 Yahoo、Webcrawler、Infoseek、Lycos 等也相继在 1994 年诞生。人们开始认真思考和研究网络营销的有关问题，网络营销的概念也逐渐开始形成。

一、网络营销产生的基础

一般来说，网络营销的产生源于三大基础的共同支持。这三大基础分别是技术基础、观念基础和现实基础。

（一）现代电子通信技术和网络技术的应用与发展是网络营销产生的技术基础

伴随着电子通信技术和网络技术的发展，营销人员发现，他们能够以很低的费用创造很高的营销效果，小型企业也能以更加平等的地位与世界上最大的公司进行竞争。网络顾客只要点击鼠标，就能迅速找到自己所需要的产品和信息，还能够根据自己的需要与供应商对话。互联网这种新的商业工具，促进了网络营销这种新型营销方式的产生。

（二）消费观念的改变是网络营销产生的观念基础

网络时代消费者的需求呈现多样化的特征，消费者主导的营销时代已经来临。企业需要以顾客的个性需求为出发点，重新考虑其营销策略，提高顾客的满意度。

（三）日益激烈的商业竞争是网络营销产生的现实基础

当今市场竞争的激烈程度前所未有，市场也由卖方市场转向买方市场，因此企业必须能够在竞争中将成本降到最低。企业借助网络营销可以使其经营成本和费用降低，增强企业的竞争实力，为企业提供更宽阔的发展空间。

二、网络营销的发展

相对于互联网发达国家，我国的网络营销起步较晚，到目前为止，我国的网络营销大致可分为3个发展阶段：播种期、萌芽期、发展应用期。

（一）我国网络营销的播种期（1997年之前）

网络营销是随着互联网的应用而逐渐开始为企业所应用的。在1997年之前，中国的网络营销处于一种神秘阶段，并没有清晰的网络营销概念和方法，也很少有企业将网络营销作为主要的营销手段。1997年初，新华社播发了一条令人感叹又令人震惊的消息：55岁的中国山东青州黄楼镇的农民李鸿儒，在自家小院创办的“万红花卉公司”，开始利用网络进行花卉营销，把生意做到了全世界。他把自家的花卉品种上网发布，把销售市场扩大到全世界，又把世界最新的花卉信息，集中到农家小院里来。当他获知观赏凤梨被确定为香港国际花卉贸易博览会上的主题花卉的时候，立即从荷兰引进3000盆凤梨，很快销售一空。我国电子商务最早的研究学者之一王汝林称他为“中国电子商务的开启人”。在网络营销的传奇阶段，虽然概念和方法不明确，产生效果主要取决于偶然因素，但毕竟在我国网络营销的沃土中播下了种子。

（二）中国网络营销的萌芽期（1997年—2000年）

根据中国互联网络信息中心（CNNIC）发布的《第一次中国互联网络发展状况调查统计报告》（1997年10月）显示，到1997年10月底，我国上网人数为62万人，WWW站数约1500个。虽然无论上网人数还是网站数量均微不足道，但发生于1997年前后的部分事件标志着中国网络营销进入萌芽阶段，如网络广告和E-mail策略在中国的诞生、电子商务的促进、网络服务如域名注册和搜索引擎的涌现等。到2000年年底，多种形式的网络营销被应用，网络营销呈现出快速发展的势头并且有逐步走向实用的趋势。

（三）中国网络营销的应用和发展期（2001年之后）

进入2001年之后，网络营销已不再是空洞的概念，而是进入了实质性的应用和发展时期，主要特征表现在6个方面：

1. 网络营销服务市场初步形成

尽管网络营销服务市场至今仍不完善，但2001年之后，以“企业上网”为主要业务的一批专业服务商开始快速发展，一些公司已经形成了在该领域中的优势地位，这种状况也标志着国内的网络营销服务领域逐渐开始走向清晰化。域名注册、虚拟主机和企业网站建设已经比较成熟，成为网络营销服务的基本业务内容。其他比较有代表性的网络营销服务像大型门户网站的分类目录登录、专业搜索引擎的关键词广告和竞价排名、供求信息发布等，另外一些比较重要的领域如专业 E－mail 策略、电子商务平台等也取得了明显的发展，并出现了一批具有较高知名度的规范的服务商。

2. 网站建设已成为企业网络营销的基础

根据中国互联网信息中心的统计报告，2001—2007 年我国的 WWW 网站数量从 24 万个发展到 150 万个，其中绝大多数为企业网站，企业网站数量在快速增长，这也反映了网站建设已经成为企业网络营销的基础。

3. 网络广告形式和应用不断发展

跨入 21 世纪的前几年，国内网络广告市场虽然也受到网络经济滑坡的影响，但仍然保持一定的增长，而且更重要的是，网络广告市场的集中趋势更为明显，进入 2002 年之后中国最大的两家网络广告媒体新浪和搜狐均取得了令人瞩目的业绩。另外，从 2001 年开始，网络广告从表现形式、媒体技术等多方面开始变革，如广告规格尺寸不断加大、表现方式更加丰富多样、通过网络广告可以展示更多的信息等。

4. E－mail 策略在困境中期待曙光

E－mail 策略是国内较早诞生的一项网络营销活动，但从 1997 年至今，仍然没有在网络营销服务市场占据重要地位，不过，尽管面对市场不成熟，以及受到垃圾邮件的冲击，E－mail 策略的重要性依然存在。从总体上说，采用专业手段开展的 E－mail 策略效果仍然得到肯定。由于规范的 E－mail 策略活动没有得以普遍应用，使得发送垃圾邮件者有可乘之机，垃圾邮件造成的混乱使得部分用户对 E－mail 策略产生误解。要么把所有的商业邮件误以为是“E－mail 策略”，要么把所有的商业邮件都认为是垃圾邮件。大量的垃圾邮件破坏了正规 E－mail 策略的声誉和网络环境，不仅为规范的 E－mail 策略带来了直接的威胁，而且严重时甚至影响了整个网络通信环境，使得一些正常的电子商务和顾客服务工作等无法正常进行。

5. 搜索引擎策略向深层次发展

搜索引擎注册一直是网站推广的基本手段，甚至曾经一度被认为是网络营销的核心内容。搜索引擎策略之所以得以广泛应用，其中有一个重要原因就是登录网站是免费的，但从 2001 年下半年开始，国内的主要搜索引擎服务收费商陆续开始了收费登录服务。收费服务自然会影响部分网站登录的积极性，不过也为网站提供了更多专业的服务，从功能上为网络营销提供了更为广阔的发展空间，从而提高了营销的效果。从目前的发展趋势看，搜索引擎策略仍然是企业在网站建设之后最主要的推广手段之一，也成为网络营销专业服务的重要业务内容。

6. 网上销售环境日趋完善

建设和维护一个完善电子商务功能的网站并非易事，不仅投资大，还要涉及网上支付、网络安全、商品配送等一系列复杂的问题，随着一些网上商店平台的成功运营，网上销售产品不再复杂了，电子商务不再是网络公司和大型企业的特权，而逐渐成为中小企业销售产品的常规渠道。

第三节　网络营销与传统营销的关系

一、网络营销与传统营销的比较

网络的特点赋予了网络营销新的特点，使网络营销所依赖的基础和特殊的商品交易环境与传统营销相比产生了极大的改变。

（一）营销理念的不同

传统的市场营销观念，如生产观念，产品观念，推销理念等，以企业的利益为中心，未能充分考虑消费者的需求，单纯追求低成本的规模生产，极易导致产销脱节现象的产生；一些现代的营销观念，如市场营销观念，社会营销观念等，尽管提出了以消费者需求为中心的口号且努力付诸实施，但执行状况并不尽如人意。

（二）信息传播模式和内容的转变

在信息传播方面，传统营销争取客户的手段是单向的信息传播方式，消费者处于被动地位，他们只能根据企业提供的固定信息来决定购买意向，有疑之处无法反馈。在 Internet 上，网络营销采用了交互式双向信息的传播方式，企业与消费者之间的沟通及时而充分，消费者在信息传接的过程中可主动查询自己需要的信息，也可以反馈自己的信息。

（三）营销竞争方式的差异

传统营销是在现实空间中厂商进行面对面的竞争，游戏规则就像是“大鱼吃小鱼”，而网络营销则是通过网络虚拟空间进入到企业、家庭等现实空间，游戏规则像是“快鱼吃慢鱼”。从实物到虚拟市场的转变，使得具有雄厚资金实力的大规模企业不再是唯一的优胜者，也不再是唯一的威胁者。在网络营销条件下，所有的企业都站在同一条起跑线上，这就使小公司实现全球营销成为可能。

（四）营销策略的不同

在传统营销策略中，利润最大化是企业追求的目标，产品、价格、渠道和促销成为企业经营的关键内容，以上的组合被称为4P营销策略。在网络营销中，营销环境发生了变化，地域概念没有了，宣传和销售渠道统一到了网上，价格策略的运用也受到了很大限制，这就促使传统的4P组合策略向4C组合策略转化。

二、网络营销对传统营销的冲击

网络营销作为一种全新的营销理念和营销方式从根本上改变了传统营销的思路和格局，对传统营销造成了巨大的冲击。主要表现在以下几方面：

（一）对价格策略的冲击

网络营销将有力地冲击传统营销中企业定价的原则和办法。使企业利用市场的封闭性进行高价销售的优势将不复存在。价格对比网站的出现，将使企业主导的定价优势发生重大的倾斜，顾客将成为价格确定的主体。

（二）对品牌策略的冲击

网络技术的出现，对传统的广告品牌形成了巨大的冲击。品牌意识、品牌理念都被赋予了许多新的内涵。品牌概念已经发生了战略转变，品牌已经成为一个企业的技术创新能力、资源运作能力、品质管理能力、市场拓展能力、企业文化建设能力和网络经营能力的综合反映。特别是对于品牌资本化和品牌在市场进入中的巨大冲击力，我们必须重新审视和认识，才能更好地运作和把握网络营销中的品牌战略。

（三）对渠道策略的冲击

网络营销对渠道的冲击更是巨大。这不仅表现在传统营销中广告障碍的消除，更表现在对种种市场壁垒的冲击，网络的穿透力将冲破地区封锁和渠道控制，网上信息、网上商店、网上路演、网站的吸引将打开一切进击的路线。同时将对分销商手中的渠道进行整合，其力度、气势、效果全是我们始料不及的。

（四）对传统营销方式和生产方式的冲击

网络的冲击力不仅对传统营销方式造成了冲击，对生产方式也造成了冲击。以书籍的生产和出版为例，传统书籍的生产从确定选题到出版，再到书店上架，需要很长的时间。而电子出版物则可以极大地缩短产品的生产周期，提高生产效率。一种新的正在美国兴起的“即时”出版业务，48小时之内，成书就可到顾客手中。不仅如此，而且可以任由顾客对产品的批量和数量进行选择。按需付费下载，美国作家《骑弹飞行》小说发行的第一天，就被下载了400，000份。这样的市场进入速度是传统出版所不敢想象的。电子出版物网上营销的优势，不仅表现在可以快速地进入市场，而且可以迅速拓展市场。正是这种发展，使得传统营销方式发生了革命性的变化，它将导致大众市场的终结和个性化市场的扩展。

三、网络营销与传统营销的整合

网络营销与传统营销的整合，是由于网络营销是从传统营销中发展起来的。传统营销中的庞大客户资源，不会、也不可能在同一时间全部进入网络时空，势必有一个渐进的过程。在这期间，他们同样具有产品资源，又需要原料资源。他们更加饥渴地企盼营销信息，更加焦急地需要找到进销渠道。因此，网络营销中整合这些资源是必然的趋势，又是网络进击能力吸纳和扩大网络营销队伍的一种合理的必然要求。在网络营销的过程中，由于其自身发展中的一种不完善性，交易双方也会有选择地挑选一些传统的方式（如网下支付）作为网络营销的一种完善和补充，以完结全部交易过程。从以上的分析中，我们看到了一种现实的需要。网络营销的巨大诱惑力，会使传统营销拥抱网络，正是在这种拥抱中，新技术的渗透力和网络营销的穿透力，会形成一种合力，实现对传统营销的整合。具体表现在以下几个方面：

（一）产品生命周期进一步缩短，市场供求的不确定性突出

产品的生命周期通常经过导入期、成长期、成熟期和衰退期四个阶段，它和市场供求关系构成了营销活动研究的重要内容和实施的基础条件。在知识经济时代来临之际，科学技术的发展日新月异，从而不断推动着产品的更新换代，使得产品生命周期呈现出日益缩短的趋势，加速了营销策略的转换，愈发增加了营销工作的难度。

（二）销售渠道发生了巨大变革，营销距离拉近，营销空间在不断拓展和延伸

知识经济时代的临近推动了渠道的变革，起初的影响来自新型的贸易方式——电子数据交换（EDI），即通过电子计算机和通信网络来处理文件。这种贸易方式又被称为无纸贸易。因特网开辟了一个前所未有的网络空间，在这个由数以万计的计算机主机和光纤、电话线连接起来的虚拟空间中，人们可以进行创览商品、订货、付款、交货、广告、市场调查等一系列的商务活动。这种新型渠道的突出优势在于其便捷性和透明度。但网上销售毕竟是一个新生事物，在其发展中不可避免地存在着各种各样的困难，包括消费者心理障碍、网络堵塞、支付安全、售后服务等。

（三）调研技术更先进，促销手段更丰富，网络营销崭露头角

过去，企业进行市场调研常常要借助中介，或派调研人员到市场中访问并进行手工的信息收集、统计、汇总。而信息技术的渗透改变了这种传统的落后局面，使调研呈现出科技化、便捷化及准确性、时效性的特点。整个调研过程都是在网上进行的，实现了调查无纸化，节省了大量的访问时间和调查费用，效率得以大大提高，满足了企业经营决策对时限、费用的要求。

网络营销与传统营销的最大区别，在于它是利用网络来研究顾客要求，从而建立

营销方案，实现与消费者的双向互动沟通。

（四）消费者进入生产过程，需求个性化充分展现

信息技术的进步为生产制造商提供了CAD（计算机辅助设计）、CAM（计算机辅助制造）、CIM（计算机集成制造系统）和DSS（决策支持系统跨产品开发、制造、决策手段）。消费者和生产者之间的关系与传统关系相比发生了微妙的变化，他们不只是经济上对立的买卖双方的关系，某种程度上甚至兼有合作伙伴的成分。

（五）产品的高科技化强调服务的知识性、全面性，无形资本在竞争中举足轻重

产品中科技含量的增加，使得消费者对其服务的需求远不止通常的安装、维修那么简单。服务的要领更加广泛，意味着贯穿售前、售中及售后的全程服务。而良好服务的投资与代价也是昂贵的，而且加强服务自然会出现新问题。

（六）营销管理组织有待再造，营销队伍建设需要加强

企业的竞争即市场的竞争，所以现代管理工作的核心就是市场营销。企业的营销组织能否对动态市场做出迅速、准确的反应，直接影响到整个企业的兴衰。在当前信息社会，国际经济环境的变化、市场空间的扩展、营销技术的改进和销售渠道的变革，都对企业营销组织提出了新的要求。

本章小结

网络营销是企业借助互联网作为信息传递手段，通过创造令顾客满意的产品和价值，并同顾客进行信息、产品与服务的交换以获取预期利益的社会及管理活动。它具有如下几方面含义：网络营销是市场营销的特殊表现形式；网络营销以互联网为信息沟通手段；网络营销的运作建立在虚拟空间基础上。

网络营销具有营销的共性，同时又具有独有的特性：第一，营销过程虚拟化；第二，需求满足个性化；第三，成本低廉化；第四，网络营销过程互动化。

网络营销作为促成商品交换的企业经营管理手段，是企业基于互联网的电子商务活动中最基本的重要的商业活动。

网络营销作为一种全新营销模式，对传统市场营销有着重大的影响和冲击。它影响了传统营销策略、营销战略、营销组织。但这并不等于说网络营销将完全取代传统营销，网络营销与传统营销需要一个整合的过程。

网络营销面临着新的挑战与机遇，网络营销是经营创新，网络营销是现代管理，网络营销需要不断地学习与实践。

复习思考题

一、简答题

1. 结合企业成功转型的案例，分析网络营销的优势有哪些？

2. 有人说网络营销彻底打破了传统营销的理论基础，请问这种说法是否正确？为什么？

3. 试分析网络营销对传统企业带来的机遇和挑战。

二、案例分析题

真维斯：勇者“亮剑”电商竞技场

一分钟1000万人同时涌入，一款热销商品两分钟内售罄，一位客服同时对话300买家，一个百人团队48小时发货5万单，一知名户外品牌一小时狂销4000万，一小时天猫战报交易额20亿……俨然一场“网”的盛宴。据统计，仅支付宝“双十一”期间销售额就高达191亿元，同比增长260%，是浮云还是荣景？是消费模式转型还是颠覆？中国制造企业是双赢还是被绑架？作为中国制造休闲服装行业“大鳄”的真维斯给了我们答案。真维斯是电商弄潮儿中的佼佼者，有思考，有奋斗，有实力，有坚持，在挑战中成长，在成长中强大，勇敢地在电商“竞技场”上顽强拼搏，接受考验，这就是真维斯的电商哲学。

真维斯参与“双十一”光棍节促销活动的时间要追溯到2010年，摸着石头过河的那一年只知道会存在销售的热潮，但完全没有概念，准备严重不足造成了很多的遗憾；2011年，汲取前一年的教训，进行了一定的准备，销售一举突破1000多万；乘胜追击的2012年真维斯以交易额6000多万的傲人战绩脱颖而出。对于持续低迷的制造企业，无疑“双十一”是快乐的来源，但是“痛”处仍然需要持续地改进。

真维斯服饰（中国）有限公司信息中心总监钱治航分析说，对于真维斯而言类似“双十一”这样的大型促销活动是一把双刃剑，利弊共存。其优点在于：

1. 集中整合资源，全面优化配置。通过大型促销集中销售，可以充分集中企业内部资源并有针对性地部署人员、设备、产品、物流等。全面增强了企业生产的计划性，避免了资源的浪费，减少了库存积压，最大化企业利益。

2. 加强成本管控，增强可控性。服装制造行业属于微利润行业，数量与规模是企业重大的影响因素。对于“双十一”可能出现的超量增长，企业可以根据需求预测组织货源、安排生产，从而将成本控制在最低的水平上。

3. 深化自我认识，精准企业定位。大型促销活动的数据结果往往从不同侧面反映出企业在市场的相对位置以及行业的竞争地位。可以说在“双十一”这样的竞赛制营销时段是企业自我检验，自我审视的最佳时机，很多的问题会暴露出来，对企业精准定位发展策略都有很重要的参考价值。

相对于大型促销活动的“快乐”，“痛”也是此消彼长的：

1. 资源配比考验企业决策。企业电商运营除了进行基本的日常管理配备以外，还存在技术配备的问题。面对大型促销活动，如果按照大型促销时段的负荷来配备，非高峰时段的资源将大量闲置，问题就会十分严重；如果按照平日负荷配比，显然无法应对高峰来临的冲击。如何科学配比资源成为企业不得不面临的重要考验，直接关系到产品销售量、客户满意度等一系列问题。

2. 外部因素检测服务体系。网络销售和实体销售很大的不同在于，实体销售是先见到产品，在满意的情况下进行交易，而在网上销售，交易前消费者有很多不确定问题需要解答后才会完成交易，是先交易才能确定是否满意，因此客户满意度对于网络销售的意义更加重大，但矛盾在于服务体系中的客服和物流体系在很多情况下都依赖于外部，受外部因素驱动，这些在大型促销时段往往不可控，服务的品质无法保证，给销售店铺和企业形象都会产生很大的冲击，能否既赚钱又赚到吆喝对于企业来说就是重大课题。

3. 销售预测决定库存负荷。电商的消费环境复杂，受到各种不同因素的制约。服装行业尽管在网络销售存在很多的优势，但对季节性、地域性要求很高，货品种类的繁多反而成为预测市场的软肋。以“双十一”为例，那一天的季节温度直接关系到促销活动的产品定位，如果货品准备不足或者种类出现偏差，都会造成备货和市场需求的不一致，导致交易无法达成，在不同程度上让产品变成新的库存，产生占用大量场地和资金等一系列负面影响。

根据以上案例分析，传统企业在电商转型过程中的机遇和挑战分别有哪些?

第二章 网络营销环境分析

【学习目标】

☆掌握网络营销环境的概念及内容

☆掌握网络环境下信息传播方式的变化

☆理解网络营销环境的分类

☆掌握网络营销微观环境的内容及特点

☆掌握网络营销宏观环境的内容及特点

【关键概念】

网络营销环境　网络营销微观环境　网络营销宏观环境

【引导案例】

第41次《中国互联网络发展状况统计报告》

2018年1月31日，中国互联网络信息中心（CNNIC）在京发布第41次《中国互联网络发展状况统计报告》（以下简称为《报告》）。主要包含以下内容：

基础资源保有量稳步增长，资源应用水平显著提升。

截至2017年12月，中国域名总数同比减少9.0%，但".CN"域名总数实现了1.2%的增长，达到2085万个，在域名总数中占比从2016年底的48.7%提升至54.2%。

中国网民规模达7.72亿，互联网惠及全民取得新进展。

截至2017年12月，我国网民规模达7.72亿，普及率达到55.8%，超过全球平均水平（51.7%）4.1个百分点，我国网民规模继续保持平稳增长。

手机网民占比达97.5%，移动网络促进“万物互联”。

截至2017年12月，我国手机网民规模达7.53亿，网民中使用手机上网人群的占比由2016年的95.1%提升至97.5%；台式电脑、笔记本电脑、平板电脑的使用率均出现下降。

移动支付使用不断深入，互联网理财用户规模增长明显。

我国移动支付用户规模持续扩大，用户使用习惯进一步巩固，网民在线下消费使用手机网上支付比例由2016年底的50.3%提升至65.5%，线下支付加速向农村地区网民渗透，农村地区网民使用线下支付的比例已由2016年底的31.7%提升至47.1%。

网络娱乐用户规模持续高速增长，文化娱乐产业进入全面繁荣期。

2017年网络娱乐类应用用户规模均保持了高速增长，网络娱乐应用中网络直播用户规模年增长率最高，达到22.6%，其中游戏直播用户规模增速达53.1%，真人秀直播用户规模增速达51.9%。

共享单车用户规模突破2亿，网约车监管政策逐步落地。

数据显示，共享单车用户骑行超过299.47亿公里，减少碳排放量超过699万吨；在拉动就业方面，共享单车行业创造超过3万个线下运维岗位。同时，共享单车为2017年下半年用户规模增长最为显著的应用类型，国内用户规模已达2.21亿，并渗透到21个海外国家。

六成网民使用线上政务服务，政务新媒体助力政务服务智能化。

2017年，我国在线政务服务用户规模达到4.85亿，占总体网民的62.9%，通过支付宝或微信城市服务平台获得政务服务的使用率为44.0%。我国政务服务线上化速度明显加快，网民线上办事使用率显著提升。

数字经济繁荣发展，电子商务持续快速增长。

2017年电子商务、网络游戏、网络广告收入水平增速均在20%以上，发展势头良好。其中，1—11月电子商务平台收入2188亿元，同比增长高达43.4%。

中国上市互联网企业超百家，市值接近九万亿元。

截至2017年12月，我国境内外上市互联网企业数量达到102家，总体市值为8.97万亿人民币。其中腾讯、阿里巴巴和百度公司的市值之和占总体市值的73.9%。

中国网信独角兽企业77家，人工智能领域取得重要进展。

截至2017年12月，中国网信独角兽企业总数为77家。第一梯队中的电子商务和网络金融企业分别占独角兽企业总数的18.2%和15.6%，占据了主导地位；第二梯队中的文化娱乐、汽车交通和第三梯队中的智能硬件、在线医疗、人工智能企业均取得了快速发展。

网络安全相关法规逐步完善，用户安全体验明显提升。

2017年《中华人民共和国网络安全法》的正式实施，以及相关配套法规的陆续出台，为此后开展的网络安全工作提供了切实的法律保障。政府与企业共同防范各类网络安全问题，网民遭遇网络安全问题的比例明显下降。数据显示，高达47.4%的网民表示在过去半年中并未遇到过任何网络安全问题，较2016年提升17.9个百分点。

第一节　网络营销环境概述

一、认识网络营销环境

互联网已经成为面向大众的普及性网络，其无所不包的数据和信息，为上网者提供了最便利的信息搜集途径。同时，上网者既是信息的消费者，也可能是信息的提供者，从而大大增强了网络的吸引力。层出不穷的信息和高速增长的用户使互联网成为市场营销者日益青睐的新资源，企业上网成为20世纪90年代最为亮丽的一道风景，网上的市场营销活动也从产品宣传及信息服务扩展到市场营销的全过程。

网络营销与传统线下营销比较，在环境方面发生了巨大变化。网络营销的范围突破了原来按商品销售范围和消费者群体、地理位置和交通便利条件划界的营销模式，技术的飞速发展极大地压缩了时间及空间的距离，国际营销、全球营销和区域营销之间的界线和区分逐步缩小。同时，在电子商务时代，媒体发生了很大变化，逐渐从电视、报纸、广播等传统媒体转向互联网为主的新媒体。

在网络环境下，信息的传播也发生了变化。

首先是由单向向双向的变化。信息源以传统的单方面向用户展现自己信息和产品的方式，转变为信息源在传播、展现产品和信息的同时，用户也在主动寻找自己需要的信息。

其次是由推向拉互动的变化。在信息化社会，人们接受信息的途径极多，不必拘泥于被动地接受，而是越来越多地主动从网上收集个人所需要的信息（我们将它称为“拉”的过程），顾客成了参与者和控制者。

再次是由分离的传播模式向多媒体传播方式的变化。目前，报纸、杂志、出版社主要传播文字信息，电视台主要传播视频信息，电台主要传播音频信息，而网络可将这三者统一。

面对网络所带来的深刻变化，企业的营销环境也与以前大不相同。

企业的网络营销环境是指影响企业的网络营销活动及其目标实现的各种影响因素

及其变化趋势。网络营销环境的变化既可能为企业提供网络营销机会，也可能给企业造成网络营销威胁。

二、网络营销环境的内容

根据营销环境对企业网络营销活动影响的直接程度，网络营销环境可以分为网络营销宏观环境与网络营销微观环境两部分。网络营销微观环境（图 2－1）是指对企业服务其目标市场的能力构成影响的各种因素，如企业内部组织活动、网络顾客市场状况、网络市场中介、竞争对手状况等，微观环境中所有的因素都要受宏观环境中的各种力量的影响。网络营销宏观环境（图 2－2）是指那些给企业造成市场机会与环境威胁的主要社会力量，包括网络用户数量、政治、经济、法律环境以及技术环境等因素。

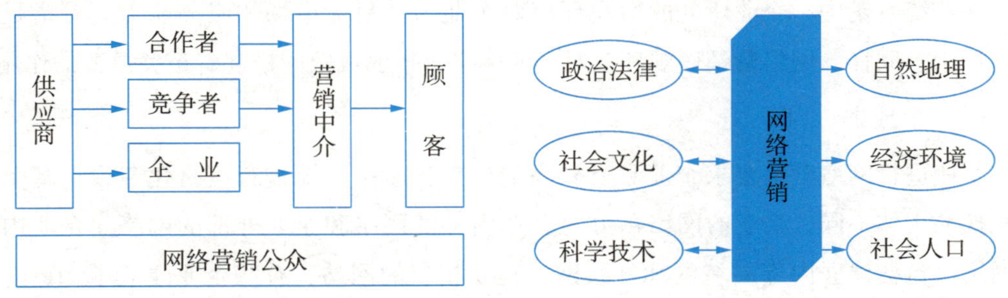

图 2－1　网络营销微观环境　　　图 2－2　网络营销宏观环境

根据是否与互联网特性有关来划分，又可以分为：市场营销的网络环境和网络营销的现实环境两部分。市场营销的网络环境是指网络在市场营销活动中的运用，使企业的市场营销行为表现出许多与过去不同的特征和规律，企业可以在网上发现大量新的营销机会和一个更为广阔的市场空间。同时，网络经济也给企业的营销活动带来了更多的挑战与威胁。企业开展网络营销活动的前提是明确认识网络本身对营销活动的影响，从而做到企业营销活动与网络的完美结合，使网络在市场营销方面应用取得显著的效果。网络营销的现实环境，即在网络与营销做到比较完美的结合后，对网络营销活动造成直接或间接影响的各种因素的总称。

第二节　网络营销微观环境分析

在传统营销中，企业所处的微观环境对企业为其目标市场的服务能力起着举足轻重的作用。同样，网络营销微观环境对企业网络营销的成败同样起着至关重要的作用。

一、企业的内部环境

企业进行网络营销要求企业具有较高的信息化水平，要进行网络化建设。基于信息交换的主体不同，企业的网络可分为企业内部的网络和企业外部的网络。企业内部的网络，包括建立内部局域网和外联网，建立相应的网站，有些企业建立了 MIS（管理信息系统）、DSS（决策支持系统），还有一些企业建立了 ERP（企业资源计划）和 CRM（客户关系管理系统）。企业内部的信息化和网络化是企业开展网络营销的微观基础。企业外部的网络，又分为企业与企业之间的网络（B to B）和企业与消费者之间的网络化（B to C）。企业与企业间的网络可以降低企业的交易成本，缩短交易时间，提高企业的工作效率。企业与消费者之间的网络可以使企业与消费者之间缩短时空的距离，为消费者提供交互式的服务。企业在制订网络营销计划时，不仅要考虑企业外部环境力量，而且要考虑企业的内部环境力量。

二、网络顾客市场状况

根据购买者进行市场划分的情况，网络顾客市场包括网上消费者市场、网上生产者市场和网上政府市场。

网上消费者市场，即为了个人消费而通过网络进行购买的个人和家庭所构成的市场。网上生产者市场，即为了生产并取得利润而通过网络进行购买的个人和企业所构成的市场。网上政府市场，即为了履行职责而通过网络进行购买的政府机构所构成的市场。

上述的各种网上市场都有各自的特点，网络营销人员需要对各个市场进行仔细研究，在制订网络营销计划时要根据企业的营销目标，对不同的网上市场制订不同的网络营销计划。

三、网上市场中介

营销中介是指在促销、分销以及把产品送到最终购买者方面给企业以帮助的那些机构。包括网络服务提供商（ISP）、网络中间商（如网络批发商、网络零售商、经纪人和代理商）、第三方物流提供商、认证中心，以及网上金融提供商等。

在网络时代，企业可以借助网络直接与最终用户接触，从而减少中间环节，降低交易成本，提高竞争优势，这样使中间商的地位受到了严峻的挑战。但是正如互联网作为新的第五种媒体还不能完全取代广播、电视、报纸、杂志一样，网络营销虽然会使一部分中间商走向灭亡，但中间商并不会完全消失，而是其功能和服务发生了变化，同时又会产生具有崭新功能的新的市场中介。网上市场中介是指网络服务提供商（ISP）、网络中间商（如网络批发商、网络零售商、经纪人和代理商）、第三方物流提供商、认证中心，以及网上金融提供商等。第三方物流提供商是为交易的商品提供运输配送的专业化机构；认证中心在交易过程中完成对交易双方身份的确认，保证交易的顺利实现；网上金融提供商则是提供网上电子支付的机构。

四、网上竞争者

在网络时代，企业的竞争者分为：网上竞争者和离线竞争者。离线竞争者由于其产品的的差异性一般不构成网络营销企业的主要竞争者，所以网络营销企业的主要竞争者是网上竞争者。因此了解网上竞争者的产品价格、服务，以及消费者对其的评价，并据此制订相应的网络营销措施至关重要。

在网络环境下，企业所要做的并非仅仅迎合目标客户的需要，而要通过有效的网络手段，为顾客提供更方便的查询、更低廉的价格、更安全的交易和支付、更快捷的配送、更良好的售后支持等服务，从而使企业的产品和竞争者的产品在消费者的心中形成明显的差异，以取得竞争的优势。

网上竞争者的出现带来以下影响：

首先是识别竞争者的难度加大。在覆盖全球的网络虚拟市场中，竞争对手数量大大增强，而且有着更大的隐蔽性。同时，由于高新技术的应用行业边界也日益模糊，使竞争的面更宽，竞争对手也更加难识别。

然后是企业竞争的国际化进程加快。互联网的应用加速了世界经济一体化的进程。企业间竞争的国际化日益明显。互联网贸易不受时间、地域的限制，不论企业的大小强弱，为每个竞争者提供大量机会，同时也带来了竞争加剧的威胁。

再次是合作发展比竞争更重要。网络经济条件下，企业如何通过网络组成合作联盟，并以联盟所形成的资源规模创造竞争优势，将是未来企业经营的重要手段。如何运用网络与众多竞争者建立多元化、动态化的竞争与合作关系，既是企业生存与发展能力的一种体现，也是取得整体竞争优势的关键。

五、网上公众

传统营销中企业面对的公众有金融公众、媒体公众、政府公众、市民公众、地方公众、一般群众和企业内部公众，相应的网络营销企业所面对的网上公众就是网上一般公众、网上金融公众、网络媒体公众、内联网公众、政府公众。

（一）网上一般公众

网上一般公众都是企业的潜在客户，企业需要关心网上一般公众对其商业站点、产品和服务的态度。

（二）网上金融公众

网上金融公众影响网上经营企业在线支付系统的建立与获得资金的能力，主要的网上金融公众包括网上银行、风险投资公司和股东等。

（三）网络媒体公众

网络媒体公众由类似发表网上新闻、网上特写功能的一些机构组成，主要包括电子化报纸、电子化杂志、主要搜索引擎、提供网站评估服务方面的专业性网站等。

（四）内联网公众

企业的内联网公众包括它的董事会、经理、员工等，企业往往用企业内联网给内部公众传递信息，鼓励士气。当员工对自己的企业感觉良好时，他们的积极态度也会通过各种在线交流等影响到外部网上公众。

（五）政府公众

政府负责管理网络企业的审批、网络链接、网络交易、网络安全、网络立法，其有关机构即构成政府公众。企业的管理层必须关注政府对互联网络管理的有关动态。

第三节　网络营销宏观环境分析

微观环境中的所有因素都要受到宏观环境中的各种力量的影响，任何企业都是在一个大的宏观环境中运作的。宏观环境就是指那些给企业带来市场机会和造成环境威胁的主要社会力量。影响网络营销的宏观环境主要有网上人口环境、经济环境、技术环境、政治和法律环境、社会和文化环境等。

一、网上人口环境

从企业营销的角度看，市场是有现实或潜在需求且有支付能力的消费者群。网络营销企业可以一方面直接收集一手资料，通过网民数量、结构等内容的分析发现营销机会；另一方面，也可以收集二手资料了解网络营销人口环境，从而制定行之有效的营销策略。中国互联网络信息中心（CNNIC）对网民的定义为：平均每周使用互联网至少 1 小时的公民。网民有以下特点：

（一）互联网用户数量保持大幅增长态势

根据中国互联网络信息中心（CNNIC）发布的第 41 次《中国互联网络发展状况统计报告》，截至 2017 年 12 月，我国网民规模达 7.72 亿，普及率达到 55.8%。全年共计新增网民 4074 万人，增长率为 5.6%，我国网民规模继续保持平稳增长。互联网商业模式不断创新、线上线下服务融合加速以及公共服务线上化步伐加快，成为网民规模增长推动力。信息化服务快速普及、网络扶贫大力开展、公共服务水平显著提升，让广大人民群众在共享互联网发展成果上拥有了更多获得感。

（二）网民的结构发生变化

截至 2017 年 12 月，我国手机网民规模达 7.53 亿，网民中使用手机上网人群的占比由 2016 年的 95.1% 提升至 97.5%；与此同时，使用电视上网的网民比例也提高 3.2 个百分点，达 28.2%；台式电脑、笔记本电脑、平板电脑的使用率均出现下降，手机不断挤占其他个人上网设备的使用。以手机为中心的智能设备，成为“万物互联”的基础，车联网、智能家电促进“住行”体验升级，构筑个性化、智能化应用场景。移动互联网服务场景不断丰富、移动终端规模加速提升、移动数据量持续扩大，为移动互联网产业创造更多价值。

二、经济环境

购买力是构成市场和影响市场规模大小的一个重要因素。具体到网络营销，网上的购买力是一个重要的因素，而网上购买力又直接或间接受网民的收入、价格水平、储蓄、信贷等经济因素的影响。因此，企业的网络营销不仅受网上人口环境的影响，而且受到经济环境的影响。

三、技术环境

技术的进步改变了网络用户的结构，同时也扩展了网络营销的范畴。宽带技术的发展使视频点播、多媒体网络教学成为可能。无线上网技术的发展吸引了更多的人移动办公、移动炒股、移动购物。在给消费者提供更多便利的同时也给企业带来了更多的机会。

四、政治和法律环境

企业的网络营销决策还要受其政治和法律环境的强制和影响。

网络营销、电子商务的法律环境一直是人们关注的焦点。一方面，网络营销的各个环节与问题需要相关的法律法规加以规范；另一方面，政策法律的每一措施也都左右着网络营销、电子商务的发展进程。

从国际上看，经济合作发展组织（OECD）形成了一批对于电子商务实际运作具有指导性意义的文件。这些文件推动了电子商务的全面发展，促进了国际政策的进一步协调，为各种经济体充分利用新的电子平台提供了广阔的空间。

《中华人民共和国电子签名法》在2005年4月1日起正式实行。赋予电子签名与手写签名或盖章具有同等的法律效力，届时消费者可用手写签名、公章的“电子版”、秘密代号、密码或人们的指纹、声音、视网膜结构等安全地在网上“付钱”“交易”及“转账”。明确了电子认证服务的市场准入制度，对中国电子商务的发展会产生重大的影响。

电子签名就是用来起签名作用的一些计算机程序、符号，甚至包括语音提示。要获得电子签名，首先要得到一个身份认证（CA），就是取得一个网络身份，然后才能在网络中进行交易或是各种文件的交换。它和传统签名的区别在于它能通过网络传输。简单地说，如果在网络的虚拟空间中，传过来一个文件，上面有企业负责人的签名、公章，那么这个人的签名和这个公章就属于电子签名范畴。政府对信息化和电子商务的态度与政策是对网上经营形成压力和动力的源泉。

五、网络文化环境

当今互联网的飞速发展，对文化环境造成了巨大的冲击，并创造了独特的网络文化。它渗透到了世界的各个角落和人们生活的各个方面，创造了新的需求，并对人们的生活和工作产生了巨大的影响。

另外，网络文化又有其独特性。

(一) 网络文化是速度文化

网络社会靠的是信息，信息以高速进行传递和更新。只有随时掌握最新的信息才能做出最佳的决策。互联网革命就是一场速度革命。网络营销的产品只有最新、配送最快、服务最及时的产品才最能被公众所喜爱。

(二) 网络文化是创新文化

网络创造了注意力经济、眼球经济、网络经济、ICQ、QQ、WAP，甚至是网络病毒。同时，网络文化激发了企业家的创新精神，使企业的文化走向了开放、现代，使企业的组织结构走向了虚拟化和扁平化。使原本无法参加传统市场竞争的小企业也加入到与大企业的竞争行列中，创新已经成为网上企业克敌制胜的法宝。

(三) 网络文化是虚拟文化

虚拟企业、虚拟市场的出现对传统的企业组织结构和传统的市场带来了巨大冲击，同时，也为企业带来了巨大的发展机遇。虚拟社区的出现改变了人们的生活方式，并创造了新的需求。

因此，网上企业应该充分思考并利用网络文化，及时地把握顾客的心理和行为在网络文化作用下的变化，开发出符合顾客消费倾向的创新产品，制定满足顾客消费欲望的网络营销策略，才能在众多的网络营销者中脱颖而出。

本章小结

互联网早已不只是传统意义上的电子商务工具，而是独立成为一种新的市场营销环境。作为一种全新的信息沟通与产品销售渠道，互联网络的迅猛发展使传统的有形市场发生了根本性的变革。网上销售的企业所面对的顾客群、虚拟市场的空间以及竞争对手与传统市场都有质的不同，企业将在一个全新的营销环境下生存。

它以其范围广、可视性强、公平性好、交互性强、能动性强、灵敏度高、易运作等优势给企业市场营销创造了新的发展机遇与挑战。通过对环境、消费者、企业、政府及团体的分析给出的网络营销条件下的市场概述，为制订网络市场策略提供最基本的依据。随着互联网广泛的信息技术和市场营销相互结合，相互作用，必须改变传统的一些营销手段和方式，出现更多新兴的网络营销策略。

目前的计算机技术发展迅速，成本不断降低同时功能显著增强，如果跟不上技术发展步伐，很容易丧失营销策略的时效性和竞争优势，企业只有不断地跟上时代的步伐，采用新技术，不断适当地改变原有的组织和管理规划，才能在信息时代立于不败之地。

一、简答题

1. 什么是网络营销环境？
2. 网络营销环境和传统营销环境相比发生了哪些变化？
3. 网络营销微观环境和宏观环境分别包含哪些内容？
4. 网络营销环境发生变化后，给企业带来了哪些机遇和挑战？

二、案例分析题

亚马逊差别定价实验

1994 年，当时在华尔街管理着一家对冲基金的杰夫·贝佐斯（Jeff Bezos）在西雅图创建了亚马逊公司。该公司从 1995 年 7 月开始正式营业，1997 年 5 月股票公开发行上市，从 1996 年夏天开始，亚马逊极其成功地实施了联属网络营销战略，在数十万家联属网站的支持下，亚马逊迅速崛起成为网上销售的第一品牌，到 1999 年 10 月，亚马逊的市值达到了 280 亿美元，超过了西尔斯（Sears Roebuck&Co.）和卡玛特（Kmart）两大零售巨人的市值之和。亚马逊的成功可以用以下数字来说明：

根据 Media Metrix 的统计资料，2000 年 2 月，亚马逊在访问量最大的网站中排名第 8，共吸引了 1450 万名独立的访问者，亚马逊还是排名进入前 10 名的唯一一个纯粹的电子商务网站。

根据 PC Data Online 的数据，亚马逊是 2000 年 3 月最热门的网上零售目的地，共有 1480 万独立访问者，独立的消费者也达到了 120 万人。亚马逊当月完成的销售额相当于排名第二位的 CDNow 和排名第三位的 Ticketmaster 完成的销售额的总和。在 2000 年，亚马逊已经成为互联网上最大的图书、唱片和影视碟片的零售商，亚马逊经营的其他商品类别还包括玩具、电器、家居用品、软件、游戏等，品种达 1800 万种之多。此外，亚马逊还提供在线拍卖业务和免费的电子贺卡服务。

但是，亚马逊的经营也暴露出不小的问题。虽然亚马逊的业务在快速扩张，亏损额却也在不断增加。在 2000 年第一季度中，亚马逊完成的销售额为 5.74 亿美元，较前一年同期增长 95%，第二季度的销售额为 5.78 亿，较前一年同期增长了 84%。但是，亚马逊第一季度的总亏损达到了 1.22 亿美元，相当于每股亏损 0.35 美元，而前一年同期的总亏损仅为 3600 万美元，相当于每股亏损为 0.12 美元，亚马逊 2000 年第二季度的主营业务亏损仍达 8900 万美元。

亚马逊公司的经营危机也反映在它股票的市场表现上。亚马逊的股票价格自 1999 年 12 月 10 日创下历史高点 106.6875 美元后开始持续下跌，到 2000 年 8 月 10 日，亚马逊的股票价格已经跌至 30.438 美元。在业务扩张方面，亚马逊也开始遭遇到了一些老牌门户网站——如美国在线、雅虎等的有力竞争。在这一背景下，亚马逊迫切需要实现赢利，而最可靠的赢利项目是它经营最久的图书、音乐唱片和影视碟片，实际上，在 2000 年第二季度亚马逊就已经从这三种商品上获得了 1000 万美元的营业利润。

作为一个缺少行业背景的新兴的网络零售商，亚马逊不具有巴诺（Barnes & Noble）公司那样卓越的物流能力，也不具备像雅虎等门户网站那样大的访问流量，亚马逊最有价值的资产就是它拥有的2300万注册用户，亚马逊必须设法从这些注册用户身上实现尽可能多的利润。因为网上销售并不能增加市场对产品的总的需求量，为提高在主营产品上的赢利，亚马逊在2000年9月中旬开始了著名的差别定价试验。亚马逊选择了68种DVD碟片进行动态定价试验，试验当中，亚马逊根据潜在客户的人口统计资料、在亚马逊的购物历史、上网行为以及上网使用的软件系统确定对这68种碟片的报价水平。例如，名为《泰特斯》（Titus）的碟片对新顾客的报价为22.74美元，而对那些对该碟片表现出兴趣的老顾客的报价则为26.24美元。通过这一定价策略，部分顾客付出了比其他顾客更高的价格，亚马逊因此提高了销售的毛利率，但是好景不长，这一差别定价策略实施不到一个月，就有细心的消费者发现了这一秘密，通过在名为DVDTalk（www.dvdtalk.com）的音乐爱好者社区的交流，成百上千的DVD消费者知道了此事，那些付出高价的顾客当然怨声载道，纷纷在网上以激烈的言辞对亚马逊的做法进行口诛笔伐，有人甚至公开表示以后绝不会在亚马逊购买任何东西。更不巧的是，由于亚马逊前不久才公布了它对消费者在网站上的购物习惯和行为进行了跟踪和记录，因此，这次事件曝光后，消费者和媒体开始怀疑亚马逊是否利用其收集的消费者资料作为其价格调整的依据，这样的猜测让亚马逊的价格事件与敏感的网络隐私问题联系在了一起。

为挽回日益凸显的不利影响，亚马逊的首席执行官贝佐斯只好亲自出马做危机公关，他指出亚马逊的价格调整是随机进行的，与消费者是谁没有关系，价格试验的目的仅仅是为测试消费者对不同折扣的反应，亚马逊“无论是过去、现在或未来，都不会利用消费者的人口资料进行动态定价”。贝佐斯为这次的事件给消费者造成的困扰向消费者公开表示了道歉。不仅如此，亚马逊还试图用实际行动挽回人心，亚马逊答应给所有在价格测试期间购买这68部DVD的消费者以最大的折扣，据不完全统计，至少有6896名没有以最低折扣价购得DVD的顾客，已经获得了亚马逊退还的差价。

至此，亚马逊价格试验以完全失败而告终，亚马逊不仅在经济上蒙受了损失，而且它的声誉也受到了严重的损害。

根据以上案例分析：

1. 差别定价作为传统营销中常见的定价理论，亚马逊为什么失败了？
2. 该试验带给我们哪些启示？

第三章 网络消费者购买行为分析

【学习目标】

☆了解我国网络市场的现状

☆了解网络消费者购买行为特点

☆掌握影响网络消费者购买行为的因素

☆掌握消费者购买决策过程

【关键概念】

网络市场　网络消费者购买行为　网络消费者购买决策

【引导案例】

ZARA的“互联网+”之路

2015年中国经济最大的变化就是“互联网+”时代的到来，互联网+中“+”，不仅是技术上的“+”，更重要的是思维、理念、模式上的“+”，其中以创新推动管理与服务模式变革是重要内容，是企业真正的核心竞争力。

ZARA设计团队为服装业界所称道，他们对时尚潮流的把控能力、复制能力都是一流的。ZARA经营理念“只有消费者最爱才是我们的设计，只提供消费者想要的”。ZARA从最开始在时髦的路人身上找灵感，到去四大时装周上赤裸裸地抄袭，ZARA一直全力关注着消费者爱买什么，爱穿什么，而这正是ZARA知道互联网+中“+”什么，加的是消费者需求。

ZARA在它的新货构成中，65%计划生产，35%机动调整。这35%之前是靠遍布全欧洲的买手来提供创意、设计，而现在这一切则依靠互联网来实现。在社交媒体Instagram、Facebook上“潜伏”着很多ZARA的买手，每个人都关注了数量众多的时尚人士。

ZARA 并不介意从一个普通的用户身上寻找灵感，也不介意试错。时尚圈 2013 的极简风、2014 的运动风，ZARA 都能在第一时间捕捉到流行风潮并推出产品，真正做到了“我们的设计一定是消费者想要的”的经营理念。除了设计外，非常关键的一点是：ZARA 全部自营店的管理方针，可以做到从设计、数据采集，到铺货完全贯彻以客户导向，百分百做到“以客户为中心”。这种将前后端紧密相连（O2O），通过销售数据随时调整生产运营的手法，也正是今天“互联网 +”下企业优质鲜活的重要模式，即“互联网 +”下做营销需求与顾客互动。

可以说 ZARA 本身就像一款互联网产品，能不断地快速迭代，随时增删或优化自身的功能特性。相比之下，国内很多服装品牌营销在考虑用户方面就显得诚意不足。外部复合式渠道管控难度大，服务水平质量无法统一，内部在服装设计上也要“一刀切”，越来越无法满足消费者的个性化需求，企业发展受阻只是时间问题。

随着互联网和移动互联网的发展，ZARA 有了许多新的办法来实现这一点，不仅包括服装本身，通过社交媒体与品牌沟通，包括整个线上线下的购物体验。除了本身打造具有设计感的服装外，ZARA 的门店陈列也与其他快消时尚品牌明显不同。大空间小货架，较稀少的商品陈列，少量多款的陈列特点……不难看出，这和高级时装店的陈列非常相似。而 ZARA 的目的也正是如此——让顾客有如置身高级时装店，带来高级时装的购物感觉。同样，其官网也同样打造成简约风格的现代型网站。不看定价，你很难一眼发现 ZARA 和其他高端品牌有什么明显的区别。

思考：在互联网时代，商业机会几乎都是平等的、透明的、开放的，但是为什么有些企业能顺势崛起，而很多巨大的商业帝国渐渐衰落?

第一节　网络市场

一、网络市场概述

网络市场是以现代信息技术为支撑，以互联网为媒介，以离散的、无中心的多元网状的立体结构和运作模式为特征，信息瞬间形成、即时传播，实时互动，高度共享的人机界面构成的交易组织形式。

从网络市场交易的方式和范围看，网络市场经历了3个发展阶段：第一阶段是生产者内部的网络市场，其基本特征是工业界内部为缩短业务流程时间和降低交易成本，所采用电子数据交换系统所形成的网络市场。第二阶段是国内的或全球的生产者网络市场和消费者网络市场，其基本特征是企业在Internet上建立一个站点，将企业的产品信息发布在网上，供所有客户浏览，或销售数字化产品，或通过网上产品信息的发布来推动实体化商品的销售。如果从市场交易方式的角度讲，这一阶段也可称为“在线浏览、离线交易”的网络市场阶段。第三阶段是信息化、数字化、电子化的网络市场。这是网络市场发展的最高阶段，其基本特征是虽然网络市场的范围没有发生实质性的变化，但网络市场交易方式却发生了根本性的变化，即由“在线浏览、离线交易”演变成了“在线浏览、在线交易”，这一阶段的最终到来取决于以电子货币及电子货币支付系统的开发、应用、标准化及其安全性、可靠性。

二、网络市场功能

网络公司利用网络市场的功能主要体现在利用它实现公司多元化的目标价值链，如树立先锋形象、发展公共关系、与投资者保持良好关系、选择最合格的顾客群体、与客户及时地在线交流、让客户记住公司的网络通道。

（一）树立公司先锋形象功能

利用互联网改善公司形象，使其成为一个先锋的、高科技型的公司，是现代企业开拓网络市场最具有说服力的理由。在网络市场竞争中，作为一个拥有实力可以在竞争中制胜的公司，必须率先进入WWW系统，以先入为主的资格去迎合普通计算机使用者的需求，满足他们追求个性化产品及服务的欲望；先锋者形象赋予公司一种财力充足、不断创新的表象，这是公司最稀缺的、最珍贵的无形资产。

（二）建立良好的顾客关系的功能

对于现代公司来讲，与顾客关系的好坏直接影响了公司的发展。公司可以利用网络市场来建立与顾客信息沟通的渠道，最大限度地降低信息的不对称性，从而降低顾客对公司可能存在的“道德风险”“机会主义行为”的担心，提高公司与顾客之间的信用度，保持长期的、双向的合作关系。

（三）顾客群体选择功能

对于一个网络公司来讲，选择最合格的顾客群体是公司实现网络营销战略的关键。公司通过网络市场，可以大大缩小销售的范围，而以特色的产品和服务来选择最合格的、最忠实的目标顾客群体，从而实现优良的客户服务。例如在纽约有一家专营珠宝的在线零售商——JewelryWeb，其站点出售几乎所有种类的珠宝首饰，从K金饰物、白金首饰到珠宝与银器。该公司的顾客主要分为两类：一类是自用顾客，大多为女性，年龄在35—55岁之间，她们通常会再次光顾JewelryWeb；另一类是礼品顾客，多为男性，年龄大约在30—45岁。JewelryWeb的总裁认为，该公司成功的秘诀首先在于选择了最合格的顾客群体；其次在于优良的客户服务，这种服务是一对一式的，在顾客收到货品之后，公司通常会发出电子邮件来询问顾客是否满意；其三在于保证产品的质量和随时保持有新的商品供顾客挑选。

（四）快速获取顾客反馈功能

商品的出售者和购买者在网络市场上进行交互活动时，不断交换有关生产、消费等方面的信息。这些信息经过网络市场转换，又以新的形式反馈给当事人。网络市场信息借助各种互联网工具以不同形式进行着反馈，成为网络市场商品供应能力和需求能力的反映，是供求变动的趋势的预示。网络市场的反馈功能，可以为企业生产经营决策提供重要依据。企业可以根据商品的市场销售状况的信息反馈，对消费偏好和需求潜力做出判断和预测，从而决定和调整企业的经营方向和范围。

（五）直接导向功能

网络市场对企业生产经营活动有直接导向作用。参与网络市场竞争的企业经营活动直接取决于市场的调节和导向。网络市场运用供求、价格、竞争等调节机制引导企业生产方向，企业也根据市场供求信息决定生产什么、生产多少。

三、我国网络市场的现状

2017年上半年，我国电子商务市场发展仍保持较快增长。政策继续加持，体系已较为完备。随着中国经济转型发展正跨入“消费升级”全新时代，电商不断创造着新的消费需求，引发了新一轮的投资热潮，开辟了就业增收新渠道，为大众创业、万众创新提供了空间与舞台。2017 年上半年中国电子商务网络市场交易额 13.35 万亿元，同比增长 27.1%。中国移动网购交易规模达到 22450 亿元，较 2016 年上半年的 16070 亿元，同比增长了 39.7%。中国农村电商交易规模将达到 4402 亿元，与 2016 年上半年的 3120 亿元，同比增长 41.1%。中国跨境进口电商交易规模达 8624 亿元（包括进口 B2B 和进口 B2C），同比增长 66.3%。

（一）我国 B2B 电商市场现状

2017 年上半年，B2B 电商市场实现稳步增长。随着企业用户消费习惯逐渐转移至线上，加之 B2B 电商的在线服务趋向标准化和产业链化，为 B2B 迎来了新的机遇。随着 B2B 平台为中小企业提供信息化管理搭建服务的兴起，解决了中小企业信息化水平落后的障碍，加上物流水平快速发展、支付系统日渐完善，B2B 将实现突破性发展。当前，B2B 电商在很多垂直细分领域仍是蓝海。由于大宗商品交易具备交易金额巨大、价格波动频繁等特点，大宗电商率先崛起。供应链金融能有效解决 B 端交易应收账款问题，减轻中小企业资金压力，解决企业痛点。

（二）我国 B2C 电商市场现状

2017 年上半年国内 B2C 市场份额占比已经趋于稳定，变动基本不大。天猫仍旧处于霸主地位，但是市场份额较往年相比略有减少，与京东同为“第一梯队”；唯品会、苏宁云商、国美互联网等为 B2C 市场的“第二梯队”，三家平台市场占比稳中有升。而包括 1 号店、亚马逊中国、当当、聚美优品、蜜芽等在内的多家平台为“第三梯队”。整体来看，零售电商行业“马太效应”日渐明显，但在移动社交电商领域，也不乏诸如拼多多、云集微店、有赞这样的“黑马”产生，酝酿新变局。

（三）我国跨境电商市场现状

2017 年上半年中国跨境电商交易规模 3.6 万亿元，同比增长 30.7%。其中，出口跨境电商交易规模 2.75 万亿元，进口跨境电商交易规模 8624 亿元。跨境电商进出口已经成为我国外贸发展新的增长点。传统外贸企业也开始把握这种新型出口渠道，积极寻求蜕变，中国实施的“互联网 + 外贸”战略，进一步吸引着企业向跨境电商方面转型发展。

第二节 网络用户

一、我国网上用户总体规模

截至2017年12月，我国网民规模达7.72亿，全年共计新增网民4074万人。互联网普及率为55.8%，较2016年底提升2.6个百分点。我国网民规模继续保持平稳增长。互联网模式不断创新、线上线下服务融合加速以及公共服务线上化步伐加快，成为网民规模增长推动力。

二、我国网上用户结构特征

（一）性别结构

截至2017年12月，中国网民男女比例为52.6∶47.4，网民性别结构逐步与人口性别比例接近。

（二）年龄结构

我国网民以10～39岁群体为主。截至2017年12月，10～39岁群体占整体网民的73.0%。其中20～29岁年龄段的网民占比最高，达30.0%；10～19岁、30～39岁群体占比分别为19.6%、23.5%，与2016年底基本持平。与2016年底相比，60岁以上高龄群体的占比有所提升，互联网继续向高龄人群渗透。

（三）学历结构

网民中具备中等教育水平的群体规模最大。截至2017年12月，初中、高中/中专/技校学历的网民占比分别为37.9%、25.4%，其中，初中学历网民占比较2016年底增长0.6个百分点。

（四）职业结构

网民中学生群体规模最大。截至2017年12月，学生群体占比为25.4%；其次为个体户/自由职业者，比例为21.3%；企业/公司的管理人员和一般职员占比合计达到14.6%，我国网民职业结构基本保持稳定。

（五）收入结构

月收入在中高等水平的网民群体占比最高。截至2017年12月，月收入在2001~3000、3001~5000元的群体占比分别为16.6%和22.4%。2017年，我国网民规模向高收入群体扩散，月收入在5000元以上群体占比较2016年底增长3.7个百分点。

三、个人应用互联网发展状况

2017年，我国个人互联网应用保持快速发展，各类应用用户规模均呈上升趋势，其中网上外卖用户规模增长显著，年增长率达到64.6%；手机应用方面，手机外卖、手机旅行预订用户规模增长明显，年增长率分别达到66.2%和29.7%。

（一）基础应用用户规模增长稳健，平台寻求差异化增长新动力

即时通信、搜索引擎、网络新闻和社交作为基础应用，用户规模保持平稳增长。即时通信行业规范程度进一步提升；搜索引擎继续保持稳步移动化的趋势，人工智能继续为搜索市场注入增长动力；网络新闻领域相关法律法规建设进一步健全；各类社交平台功能日趋完善，社交网络正发展为“连接一切”的生态平台，社交媒体传播影响力显著提升。

（二）网上外卖用户规模增长明显，线上线下融合速度加快

商务交易类应用在2017年均保持快速增长，其中网上外卖增长明显，用户年增长率达到64.6%。外卖平台与餐饮品牌开始重视打造外卖品牌；旅行预订方面，旅游企业强化战略合作，丰富旅游主题，以产品和服务驱动市场销量。

（三）农村地区线下支付比例上升，互联网理财用户规模增长明显

我国移动支付用户规模持续扩大，用户使用习惯进一步巩固，网民在线下消费使用手机网上支付比例由2016年底的50.3%提升至65.5%，线下支付加速向农村地区网民渗透，农村地区网民使用线下支付的比例已由2016年底的31.7%提升至47.1%；我国购买互联网理财产品的网民规模达到1.29亿，同比增长30.2%，互联网理财市场多元化发展趋势明显。

（四）网络娱乐用户规模持续高速增长

2017年网络娱乐类应用用户规模均保持了高速增长，强烈的市场需求、政策的鼓励引导、企业的资源支持共同推动网络文化娱乐产业进入全面繁荣期。与此同时，网

络文化娱乐内容进一步规范，以网络游戏和网络视频为代表的网络娱乐行业营收进一步提升。

（五）共享单车国内用户规模突破2亿，网约车监管政策逐步落地

共享单车成为2017年下半年用户规模增长最为显著的互联网应用类型，国内用户规模已达2.21亿，共享单车业务在国内已完成对各主要城市的覆盖，各地网约车细则陆续出台调整准入门槛，网约车企业谋求转型与跨界融合提升盈利能力，与旅行、招聘等企业合作，分享客户资源进行跨界营销推广。

第三节 网络消费者的特征与购买类型

一、网络消费者的特征

（一）个性消费的回归

当代社会，没有一个消费者的心理是完全一样的，每一个消费者都是一个细分市场。心理上的认同感已成为消费者选择商品和服务的先决条件，个性化消费将会再度成为消费主流。

（二）消费需求的差异性

网络消费者来自世界各地，不同的国别、民族、信仰和生活习惯会产生不同的购买需求。而消费者所处的时代的差异、环境的差异也会产生需求的差异。所以从事网络营销的企业要想取得成功，就必须在整个生产过程中，认真思考从产品的构思、设计、制造到产品的包装、运输、销售的差异性，并针对不同消费者的特点，采取相应的措施和方法。

（三）消费主动性增强

在社会化分工日益细化和专业化的趋势下，消费者对消费的风险感随着选择的增多而上升。在许多大额或高档的消费中，消费者往往会主动通过各种可能的渠道获取与商品有关的信息并进行分析和比较。或许这种分析、比较不是很充分和合理，但消费者能从中得到心理的平衡以减少风险或避免购买的后悔感，增加对产品的信任程度和心理上的满足感。

（四）对购买方便性的需求与购物乐趣的追求共在

消费者在网上购物，除了能够完成实际的购物需求以外，还能得到许多信息，并得到在各种传统商店没有的乐趣。今天，人们对现实消费过程出现了两种追求的趋势：一部分工作压力较大、紧张程度高的消费者以方便性购买为目标，他们追求的是时间和劳动成本的尽量节省；而另一部分消费者，是由于劳动生产率的提高，自由支配时间增多，他们希望通过消费来寻找生活的乐趣。

（五）消费决策倾向于理性化

网络营销系统巨大的信息处理能力，为消费者挑选商品提供了前所未有的选择空间，消费者会利用在网上得到的信息对商品进行反复比较，以决定是否购买。对企事业单位的采购人员来说，可利用预先设计好的计算程序，迅速比较进货价格、运输费用、优惠、折扣、时间效率等综合指标，最终选择有利的进货渠道和途径。

二、网络消费者购买类型

（一）简单型

简单型的顾客需要的是方便直接的网上购物。他们每月只花 7 小时上网，但他们进行的网上交易却占了将近一半。零售商们必须为这一类型的人提供真正的便利，让他们觉得在你的网站上购买商品将会节约更多的时间。要满足这类人的需求，首先要保证订货、付款系统的安全、方便，最好设有购买建议的界面。另外提供一个易于搜索的产品数据库是保持顾客忠诚度的一个重要手段。

（二）冲浪型

冲浪型的顾客占常用网民的 8%，而他们在网上花费的时间却占了 32%，并且他们访问的网页是其他网民的 4 倍。冲浪型网民对常更新、具有创新设计特征的网站很感兴趣。

（三）接入型

接入型的网民是刚接触网络的新手，占 36% 的比例，他们很少购物，而喜欢网上聊天和发送免费问候卡。那些有着著名传统品牌的公司应对这群人保持足够的重视，因为网络新手们更愿意相信生活中他们所熟悉的品牌。另外，这些消费者的上网经验不是很丰富，一般的对于网页中的简介、常见问题的解答、名词解释、站点结构之类的链接会更加感兴趣。

（四）议价型

议价型的网民占 8%，他们有一种趋向购买便宜商品的本能，ebay 网站一半以上的顾客属于这一类型，他们喜欢讨价还价，并有强烈的愿望在交易中获胜。在自己的网站上打出“大减价”“清仓处理”“限时抢购”之类的字眼能够很容易地吸引到这类消费者。

（五）定期型和运动型

定期型和运动型的网络使用者通常都是为网站的内容吸引。定期型的网民常常访问新闻和商务网站，而运动型的网民喜欢运动和娱乐网站。目前，网络商面临的挑战是如何吸引更多的网民，并努力将网站访问者变为消费者。对于这类型的消费者，网站必须保证自己的站点包含他们所需要的和感兴趣的信息，否则他们会很快跳过这个网站进而转入下一个网站中。

第四节 影响网络消费者购买行为的因素 

一、影响网络消费者购买行为的内在因素

影响消费者行为的内在因素有很多，其中个人因素和心理因素是支配消费行为的最直接因素。

（一）个人因素

个人因素主要包括消费者年龄和家庭生命周期、文化水平、职业、个人及家庭经济状况、生活方式、个人爱好等方面。

1. 年龄

不同年龄的消费者在欲望、兴趣、爱好、经验和精力等方面存在差异，因此他们对刺激物的反应，购买商品的种类、式样、花色，以及选择购买时间、地点等方面都存在很大的区别。

2. 家庭生命周期

作为一个特定的家庭，客观上存在着一个从产生到消失的过程，一般可以分为五个阶段，即未婚阶段、新婚阶段、满巢阶段、空巢阶段和鳏寡阶段，每个阶段其需求也不相同。

未婚阶段：购买个人生活用品和准备结婚用品。

新婚阶段：购买家庭用品、孕妇滋补品和准备婴儿用品。

满巢Ⅰ阶段：家庭有6岁以下幼儿，家庭的需求主要以孩子的需求为中心，购买婴幼儿食品、玩具、童装、早期教育产品等。

满巢Ⅱ阶段：夫妇年纪较轻，有6岁以上的子女，其需求主要是围绕子女的成长购买各种学习用品、营养食品，并增补家庭耐用消费品和一些较高档的商品如服装等。

满巢Ⅲ阶段：家庭有年纪较大的夫妇，子女年龄较大，但为独立成家，经济实力和购买能力增强，需求以穿着、娱乐为主，并为子女筹办婚事而储蓄或为之购买结婚用品。

空巢阶段：夫妇年纪已进入中老年，子女已成家，家庭需求主要是延年益寿的保健品、滋补品、文娱用品及外出观光旅游等。

鳏寡阶段：家庭需求主要是精神上的，如社会和子女的尊重、关心和交流等。

3. 价值观念

价值观念是指人们对社会生活中各种事物的态度和看法。不同的文化背景，人们的价值观念相差很大。市场的流行趋势都会受到价值观念的影响。企业在制定促销策略时应该将产品与目标市场的文化传统尤其是价值观念联系起来。例如，美国人希望得到个人最大限度的自由，追求超前享受，人们在购买住房、汽车等时，既可分期付款，又可向银行贷款支付。而在我国，人们则习惯攒钱买东西，人们购买商品往往局限于货币支付能力的范围内。

4. 生活方式

生活方式是人的“社会化”一项重要内容，决定了个体社会化的性质、水平和方向。生活方式是一个历史范畴，随着社会的发展而变化。不同社会，不同历史时期、不同阶层和不同职业的人，有着不同的思想意识，又会反作用于一个人的思想意识。总之，生活方式的变化直接或间接影响着一个人的思想意识和价值观念。因此，社会生活方式是通过一个人的思想意识与心理结构的形成影响着一个人的行为方式和对社会的态度，反映了一个人的价值观念。即世界观的基本倾向。比如一个人的着装，与他（她）的生活方式高度相关。得体的着装其实就是与其生活方式相适应的着装。出入写字楼的白领们得穿西服打领带，要穿套裙穿丝袜；户外活动多的人就会穿休闲服穿牛仔裤；需要出入上流社会正式场合的人才需添置晚礼服。

5. 物质文化

物质文化由技术和经济构成，它影响需求水平，产品的质量、种类、款式，也影响着这些产品的生产与销售方式。一个国家的物质文化对市场营销具有多种意义。例如，电动剃须刀、多功能食品加工机等小电器，在发达国家已经完全被接受，而在某些贫困国家不仅看不到或没人要，而且往往被视为一种奢侈与浪费。

（二）心理因素

心理因素是指导消费者个体行为的最为关键的因素，所有的影响因素最终都与心理因素有关。因此，厂商和销售人员应该深入了解消费者的心理因素，如动机、直觉、逆反心理、信念、态度等影响消费者行为的特征因素。只有这样，销售人员才能在营销过程中如鱼得水。

1. 需要

需要是指在一定的生活环境中，人们为了延续和发展生命对客观事物的欲望的反映。心理学研究表明，人的需要是由于人们自身缺乏某种生理或心理因素而产生的与周围环境的某种不平衡的状态。人们的需要确定了人们行为的目标。因此，需要是推动人们活动的内在驱动力。

美国著名的心理学家马斯洛（A · H · Maslow）于 1951 年提出了“需要层次论”。他根据人们对需要的不同程度，把需要分成若干层次，即生理需要、安全需要、社会需要、尊重需要和自我实现需要。

马斯洛认为，每个人的行为动机一般是受到不同需要支配的，已满足的需要不再具有激励作用，只有未满足的需要才具有激励作用。这一观点，对网络营销人员具有很大的启示。首先，网络营销人员要不断发现消费者未被满足的需要，然后应想方设法最大限度地去满足他们；其次，网络营销人员在分析消费者特性后，将促销方式、广告、宣传集中于多层次消费者需要上，以获得最大效果；再次，网络营销人员可以针对某个层次的需要来确定目标市场，并进一步制定市场营销策略。

2. 认知

消费者对商品的感觉与知觉、记忆与思维构成了对商品的认知。感觉与知觉，是指人们通过感觉器官对商品个别属性或整体的认知。这是认知过程的形成阶段。

消费者通过视觉对商标上文字、图案的认知做判断；通过视觉、听觉、味觉、嗅觉和触觉对商品进行区分；通过广告宣传的刺激，对商品产生印象。知觉是感觉的延伸，它受到各种主客观因素的影响。其中，消费者自身的兴趣爱好、个性，对品牌的偏爱以及自我形象是知觉的先决条件；产品形象、企业形象及其吸引力是知觉的基本条件；广告宣传、营销人员的行为，则是促成消费者对商品知觉的关键因素。

为了进一步加深对商品的认识，消费者会利用记忆、思维等心理活动来完成认知过程。记忆对消费者的认识发展具有十分重要的作用。

3. 态度

消费者态度是指消费者在购买或使用商品的过程中对商品或服务及其有关事物形成的反应倾向，即对商品的好恶、肯定与否定的情感倾向。消费者若持肯定态度，则会推动其完成购买行为；若持否定态度，则会阻碍甚至中断其购买行为。根据消费者在购买商品时所反应态度的不同程度，它可分为三种类型：

（1）完全相信型，即消费者对所要购买的产品的各个方面持完全肯定的态度。这种态度往往会导致购买行为的实现。

（2）部分相信型，即消费者对所要购买的产品并不十分满意或不完全相信。在这种情况下，消费者的态度往往犹豫不决，拿不定主意。营销人员应该为消费者操作示范，详细讲解，增强消费者对产品的信任感，导致其购买行为。

（3）不相信型，即消费者对所要购买的产品持完全否定的态度。造成这种情况的主要原因：一是产品不符合消费者的心理需求；二是消费者发现产品的缺陷及不足；三是消费者发现商品的实际性能与广告宣传不符，从而形成对商品的不信任态度。

消费者对商品持不信任态度，一般很难导致购买行为，只有通过各种方式消除消费者的怀疑、不信任，改变消费者态度，才会引起消费者的购买欲望，导致购买行为。

4. 学习

人类除了饥、渴、性等本能驱动力支配的行为外，其他行为都是经过学习而产生的。消费者的学习，是消费者在购买和使用商品活动中不断获得知识、经验和技能，不断完善其购买行为的过程。

消费者的学习有以下几种类型：

（1）模仿式学习，即通过获取信息，观摩效仿的方法进行学习，其结果是消费者摒弃旧的消费方式，适应新的需求水平。

（2）反应式学习，即通过外界信息或事物的不断刺激，会形成一种相应的反应，并通过感观和体验为消费者所接受和学习，促使其进行购买。

（3）认知式学习，即通过对前人经验的总结与学习，辅之以复杂的思维过程所学到的分析与解决问题的能力，用自己的学识和辨别能力，对付不断面临的购买决策问题。

对网络营销人员来说，在营销的过程中应该运用各种形式的刺激性暗示和提供积极强化印象等手段来建立网络消费者对本企业产品的需求。

二、影响网络消费者购买行为的外在因素

（一）网站架构及性能

每个网店进行网络营销时都需要依靠网站营运的支持，网站的外观和架构是消费者对网店的第一印象，优美的网站架构往往会吸引消费者对其营销内容做进一步的了解，在了解的过程中，网站还需发挥其性能作用，当消费者点进某一产品链接时，要确保其可顺利和快速访问，并且每个产品还应具有详细的介绍，满足消费者的选择需求。另外在网站的结构设计上还应根据不同的产品进行分类，便于消费者能快速检索。网站的架构和性能是影响消费者购买意愿的最基本因素。

（二）网店信誉度

很多消费者在进行网购的过程中，往往会根据网店的信誉度决定是否购买该家的产品，因此网店的信用等级以及用户评价是刺激消费者产生购买意愿的两项重要指标，当消费者进入网店后发现网店的信用等级和用户评价较低时，往往会降低其购物的欲望，并且很多消费者在面对这一情况时一定会仔细询问客服或其他消费者对商品详细

信息的评价，若在此过程中卖家能给予其良好的服务和耐心的解答则可能会转变消费者的购买意愿。因此良好的信誉是引发消费者购买意愿的因素之一，若网店在最初的经营过程中信誉度不足，还可通过改善其服务质量以改变消费者的购买意愿。

（三）商品性价比优势

大多数消费者选择网络购物的主要原因在于同类商品在购物网站上的价格较实体店低，因此网络购物平台在为消费者提供低廉价格的基础上，也要保证其产品具备一定的质量，不能只片面的追求产品的外观相同，质量却相差甚远。一件产品若不具备其应有的功效或价值，即使价格再低廉，消费者也是无法接受，因此网络平台的店家在进行产品选择的时候应综合考量商品性价比，才能使其产品在众多的网络产品中脱颖而出。

（四）感知风险

消费者购买意愿的改变、延迟，或者取消，很大一部分是因为感知风险导致的。一般消费者对产品的介入度越高，就越能更准确地了解产品各方面的信息，其心理对产品的感知风险就越小，能使消费者快速地判断其购买意愿，也就能更准确地做出是否购买的决策。

（五）支付流程

网络支付不仅要确保支付操作的便捷性，同时还要确保消费者的信息安全。综合现有的网络现状来看，网络盗窃、诈骗事件时有发生，导致人们在网购的过程中不敢轻易填写个人的重要信息，若消费者无法完善其个人信息也就无法进行正常的网络购物支付，或者只能寻求其好友为其代付，若双方都没有填写信息，则无法进行支付。网络电子商务交易中最重要环节的是支付环节，因此支付流程是影响网络消费者购买意愿的重要因素。

（六）物流服务

消费者在进行网络购物的过程中往往会根据网络卖家提供的物流服务对其整体的服务质量进行评价，可见物流服务在消费者与网络卖家之间起着非常重要的作用，是网络卖家和消费进行沟通的桥梁。

第五节 网络消费者的购买决策过程

网络消费者的购买过程也就是网络消费者购买行为形成和实现的过程。这一过程不是简单地表现为买或不买，而是一个较为复杂的过程。与传统的消费者购买行为相类似，网络消费者的购买行为早在实际购买之前就已经开始，并且延长到实际购买后的一段时间，有时甚至是一个较长的时期。网络消费者的购买过程可以分为五个阶段：诱发需求、收集信息、比较选择、购买决策、购后评价。

一、诱发需求

网络购买过程的起点是诱发需求。消费者的需求是在内外因素的刺激下产生的，例如看到别人穿新潮服装，自己也想购买。当消费者对市场中出现的某种商品或某种服务发生兴趣后，才可能产生购买欲望。这是消费者做出消费决定过程中所不可缺少的基本前提。如若不具备这一基本前提，消费者也就无从做出购买决定。

对于网络营销来说，诱发需求的动因只能局限于视觉和听觉。文字的表述、图片的设计、声音的配置是网络营销诱发消费者购买的直接动因。从这方面讲，网络营销对消费者的吸引具有相当大的难度。这要求从事网络营销的企业或中介商注意了解与自己产品有关的实际需求和潜在需求，了解这些需求在不同时间的不同程度，了解这些需求是由哪些刺激因素诱发的，进而巧妙地设计促销手段去吸引更多的消费者浏览网页，诱导他们的需求欲望。

二、搜寻信息

在购买过程中，收集信息的渠道主要有内部渠道和外部渠道。内部渠道是指消费者个人所储存、保留的市场信息，包括购买商品的实际经验、对市场的观察以及个人购买活动的记忆等；外部渠道则是指消费者可以从外界收集信息的通道，包括个人渠道、商业渠道和公共渠道等。

一般说来，在传统的购买过程中，消费者对于信息的收集大都出于被动进行的状况。与传统购买时信息的收集不同，网络购买的信息收集带有较大主动性。在网络购买过程中，商品信息的收集主要是通过因特网进行的。一方面，上网消费者可以根据已经了解的信息，通过因特网跟踪查询；另一方面，上网消费者又不断地在网上浏览，寻找新的购买机会。由于消费层次的不同，上网消费者大都具有敏锐的购买意识，始终领导着消费潮流。

三、比较选择

消费者需求的满足是有条件的，这个条件就是实际支付能力。没有实际支付能力的购买欲望只是一种空中楼阁，不可能导致实际的购买。为了使消费需求与自己的购买能力相匹配，比较选择是购买过程中必不可少的环节。消费者对各条渠道汇集而来的资料进行比较、分析、研究，了解各种商品的特点和性能，从中选择最为满意的一种。一般说来，消费者的综合评价主要考虑产品的功能、可靠性、性能、样式、价格和售后服务等。

网络购物不直接接触实物。消费者对网上商品的比较依赖于厂商对商品的描述，包括文字的描述和图片的描述。网络营销商对自己的产品描述不充分，就不能吸引众多的顾客。而如果对产品的描述过分夸张，甚至带有虚假的成分，则可能永久地失去顾客。

四、购买决策

网络消费者在完成了对商品的比较选择之后，便进入到购买决策阶段。与传统的购买方式相比，网络购买者的购买决策有许多独特的特点。首先，网络购买者理智动机所占比重较大，而感情动机的比重较小。其次，网络购买受外界影响较小，大部分的购买决策是自己做出的或是与家人商量后做出的。第三，网上购物的决策行为较之传统的购买决策要快得多。

但不同消费者购买决策过程的复杂程度不同，究其原因，是受诸多因素影响，其中最主要的是参与程度和品牌差异大小。同类产品不同品牌之间的差异越大，产品价格越昂贵，消费者越是缺乏产品知识和购买经验，感受到的风险越大，购买过程就越复杂。比如，牙膏、火柴与计算机、轿车之间的购买复杂程度显然是不同的。因此，根据购买者的参与程度和产品品牌差异程度区分出四种购买决策类型：

（一）复杂型购买决策行为

复杂型的购买决策行为指消费者需要经历大量的信息收集、全面的产品评估、慎重的购买决策和认真的购后评价等各个阶段。比如，家用计算机价格昂贵，不同品牌之间差异大，某人想购买家用计算机，但又不知硬盘、内存、主板、中央处理器、分辨率、Windows 等为何物，对于不同品牌之间的性能、质量、价格等无法判断，贸然购买有极大的风险。因此，他要广泛收集资料，弄清很多问题，逐步建立对此产品的信念，然后转变成态度，最后才会做出谨慎的购买决定。

对于复杂的购买行为，网络营销者应制订策略帮助购买者掌握产品知识，利用多种渠道宣传本品牌的优点，简化购买过程。

（二）习惯型购买决策行为

对于价格低廉的、经常性购买的商品，消费者的购买行为是最简单的。这类商品中，各品牌的差别极小，消费者对此也十分熟悉，不需要花时间进行选择，一般随买随取就行了。例如，买油、盐之类的商品就是这样。这种简单的购买行为不经过搜集信息、评价产品特点、做出重大决定这种复杂的过程。

对习惯型购买决策行为的主要营销策略：一是利用价格与销售促进吸引消费者试用。由于产品本身与同类其他品牌相比难以找出独特优点以引起顾客的兴趣，就只能依靠合理价格与优惠、赠送、有奖销售等促销手段吸引顾客试用。一旦顾客了解和熟悉了某产品，就可能经常购买以致形成购买习惯。二是开展大量重复性广告加深消费者印象。在低度参与和品牌差异小的情况下，消费者并不主动收集品牌信息，也不评估品牌，只是被动地接受包括广告在内的各种途径传播的信息，根据这些信息所造成的对不同品牌的熟悉程度来选择。三是增加购买参与程度和品牌差异。在习惯型购买行为中，消费者只购买自己熟悉的品牌而较少考虑品牌转换，如果竞争者通过技术进步和产品更新将低度参与的产品转换为高度参与并扩大与同类产品的差距，将促使消费者改变原先的习惯型购买行为，寻求新的品牌。

（三）寻求多样化的购买决策行为

有些商品牌子之间有明显差别，但消费者并不愿在上面多花时间，而是不断变化他们所购商品的牌子。如在购买点心之类的商品时，消费者往往不花长时间来选择和估价，下次买时再换一种新花样。这样做往往不是因为对产品不满意，而是为了寻求多样化。

对于寻求多样化的购买行为，市场领导者和挑战者的策略是不同的。市场领导者要通过提醒购买的广告来鼓励消费者形成习惯型购买行为。而挑战者则以较低的价格、折扣、赠券、免费赠送样品等的广告来鼓励消费者改变原习惯型购买行为。

（四）避免风险型购买决策行为

有些选购品，牌子之间区别不大，而消费者又不经常购买，购买时有一定的风险性。对这类商品，消费者一般先转几家商店看看有什么货，进行一番比较，而后，不花多长时间就买回来，这是因为各种牌子之间没有什么明显的差别。一般如果价格合理，购买方便，机会合适，消费者就会决定购买。对于这类购买行为，营销者要提供完善的售后服务，通过各种途径经常提供有利于本企业和产品的信息，使顾客相信自己的购买决定是正确的。

（五）购后评价

消费者购买商品后，往往通过使用，对自己的购买选择进行检验和反省，重新考虑这种购买是否正确，效用是否理想，以及服务是否周到等问题。这种购后评价往往决定了消费者今后的购买动向。

为了提高企业的竞争力，最大限度地占领市场，企业必须虚心倾听顾客反馈的意见和建议。因特网为网络营销者收集消费者购后评价提供了得天独厚的优势。方便、快捷、便宜的电子邮件紧紧连接着厂商和消费者。厂商可以在订单的后边附上一张意见表。消费者购买商品的同时，就可以同时填写自己对厂商、产品及整个销售过程的评价。厂商从网络上收集到这些评价之后，通过计算机的分析、归纳，可以迅速找出工作中的缺陷和不足，及时了解到消费者的意见和建议，随时改进自己的产品性能和售后服务。

本章小结

目前，我国网络市场发展仍保较快增长态势。我国的经济转型发展正跨入“消费升级”全新时代，电商不断创造着新的消费需求。而网络消费者具有更加个性化、差异化、理性化的特点，这就需要分析影响网络消费者的内在因素和外在因素，把握网络消费者的个体特点，根据消费者的购买决策过程，制定相应的营销策略。

复习思考题

一、简答题

1. 网络市场的基本功能有哪些？
2. 网络消费者的特征是什么？
3. 网络消费者的购买类型有哪些？
4. 影响网络消费者购买行为的因素有哪些？
5. 简述消费者购买决策过程。

二、案例分析题

欧莱雅的网络营销成功之路

随着中国男士使用护肤品习惯的转变，男士美容市场的需求逐渐上升，整个中国男士护肤品市场也逐渐走向成熟，近两年的发展速度更是迅速，越来越多的中国年轻男士护肤已从基本清洁开始发展为护理，美容的成熟消费意识也逐渐开始形成。

2012 年欧莱雅中国市场分析显示，男性消费者初次使用护肤品和个人护理品的年龄已经降到 22 岁，男士护肤品消费群区间已经获得较大扩张。虽然消费年龄层正在扩大，即使是在经济最发达的北京、上海、深圳、杭州等一线城市，男士护理用品销售额也只占整个化妆品市场的 10% 左右，全国的平均占比则远远低于这水平。作为中国男士护肤品牌，欧莱雅对该市场的上升空间充满信心，期望进一步扩大在中国年轻男士群体的市场份额，巩固在中国男妆市场的地位。

因此欧莱雅做出了一系列的网络营销措施：1. 使用BB霜的女士很多，但是有不少的男士也逐渐加入到这个行列来，因此欧莱雅集团推出男士BB霜，希望迅速占领中国男士BB霜市场，树立该领域的品牌地位，并希望打造成为中国年轻男性心目中的人气最高的BB霜产品。2. 欧莱雅公司的目标客户群定位到18~25周岁之间的男士，一方面这个年龄段的男生处于比较在乎自己形象的阶段，而且有一定的物质基础，并且有良好的交际群，可以互相推广。为了打造男士BB霜的网络知名度，欧莱雅男士针对目标人群，开设了官方微博和微信账号，开展新一轮社交网络和电子零售平台网络营销活动。

首先在新浪微博上发起了针对男生使用BB霜的讨论，发现男生以及女生对于男生使用BB霜的接受度都大大高于人们的想象，为传播活动率先奠定了舆论基础。然后寻找明星代言人，阮经天的加入，利用了他的网络知名度，使微博营销产生了巨大的参与效应，更将微博参与者转化为品牌的主动传播者。还在在京东网上商城建立了欧莱雅男士BB霜首发专页，开展“占尽先机，万人先型”的首发抢购活动。这一系列的营销措施，使人们加深了对该品牌的了解，销售额也超乎想象。

思考：

1. 结合案例分析，欧莱雅为了拓展男士护肤品市场是怎么做的？

2. 结合案例分析，欧莱雅为什么将目标客户定位在18~25岁之间，这一群体的生活习惯、价值观念有什么特点？

第四章 网络市场调研

【学习目标】

☆掌握网络市场调研的含义

☆掌握网络市场调研的特点

☆了解网络市场调研与传统市场调研的不同

☆掌握网络市场调研的步骤

☆掌握网络市场调研的基本方法与渠道

☆了解并学会使用网络市场调研的一般工具

【关键概念】

市场调查　网络市场调查　直接市场调查　间接市场调查　在线调查表

【引导案例】

肯德基的网络订餐改进

百胜餐饮集团旗下的品牌肯德基（KFC）一直致力于通过网络订餐以扩大其在快餐行业的市场份额。在拓展网络订餐业务的过程中，肯德基遇到了客户流失率高、市场推广资源浪费的问题。肯德基宅急送的订餐一般分为5个环节：登录/注册、填写送餐地址、浏览菜单点餐、确认订单、提交订单付款，任何一个环节出现问题都有可能导致最后的流失率上升。

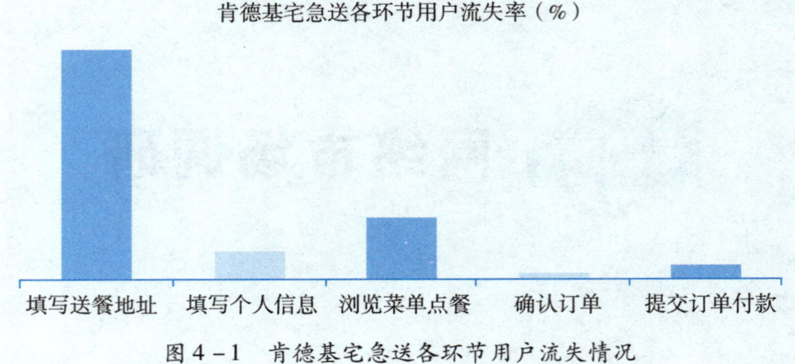

图 4－1　肯德基宅急送各环节用户流失情况

肯德基宅急送首先对自身的流量统计进行分析，发现客户的流失主要集中在填写送餐地址和浏览菜单点餐这两个环节上（见图 4－1）。

肯德基宅急送基于这两个突出的环节，通过在线自助调研软件平台调研宝（www.diaoyanbao.com）展开了在线用户调查，了解他们对订餐流程的具体评价，并最终找到了问题的具体成因。

在填写送餐地址的环节中，客户发现自己所处地址不在送餐范围内是导致客户流失的最主要问题，其次是地址查询/输入不方便以及送餐时间太长（见图 4－2）。

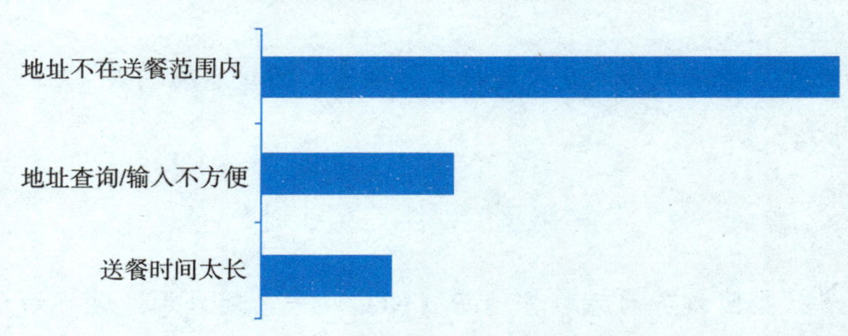

图 4－2　填写送餐地址环节的客户流失原因

在客户浏览菜单点单环节中，因为检索方式不便、不容易找到自己想要的餐点而导致流失是最主要的问题（见图 4－3）。

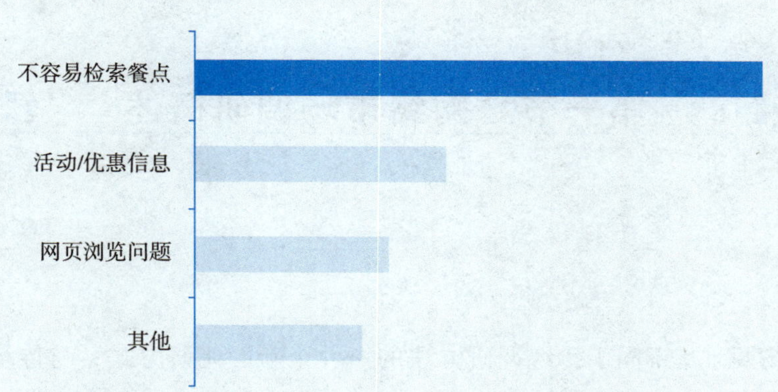

图 4－3　浏览菜单环节的客户流失原因

针对从调查中发现的问题，肯德基宅急送制定了相应的改善措施。具体如下：

1. 增加餐点的检索维度，如人气、价格、订购量等，方便用户从不同维度检索。

2. 调整优惠活动的显示位置和种类，使之更符合用户的习惯和期望。

3. 优化送餐流程，确保每一餐都在 30 分钟内送到。

经过这次的改善和优化，肯德基宅急送在填写送餐地址和浏览菜单点餐环节的用户满意度得到了显著的提升。用户流失率也得到了有效的控制。

第一节　网络市场调研概述

网络市场调研是不同于传统调研方法的一种全新的调研方式，与传统调研方法相比，网络市场调研具有不同的特点，同时，开展网络市场调研需要遵循一定的步骤。

一、网络市场调研的含义

市场调研是营销链中的重要环节，没有市场调研，就把握不了市场。互联网作为21世纪新的信息传播载体，它的高效、快速、开放是无与伦比的。它正在迅速改变着传统的市场营销方式乃至整个经济的面貌。因此，一种崭新的调研方式——网络市场调研随之产生了。

网络市场调研就是利用互联网发掘和了解顾客需要，市场机会、竞争对手、分销渠道以及战略合作伙伴等方面的情况，并系统地进行营销信息的收集、整理、分析和研究的过程。

网络市场调研与传统市场调研在调研的目的、分析研究的内容等方面没有根本的区别，都是以科学的方法，系统地、有目的地收集、整理、分析和研究所有与市场有关的信息，重点把握有关消费者的需求、购买动机和购买行为等方面的信息，从而把握市场现状和发展态势，有针对性地制定营销策略，取得良好的营销效益。两者最大的区别在于采用的调研技术不同，即网络市场调研主要借助于互联网来完成市场调研的任务，而传统的市场调研在调研中主要采用传统的发放问卷、面对面访谈等与调研对象直接接触的方式进行。

从某种意义上说，互联网上的海量信息、搜索引擎的免费使用已经对传统市场调研和营销策略产生了很大的影响。它大大丰富了市场调研的资料来源，扩展了传统的市场调研方法，特别是在互联网在线调查、定性调查和二手资料调查方面具有无可比拟的优势。

二、网络市场调研的特点及其与传统市场调研的比较

网络市场调研具有自身的特点，与传统市场调研方式相比，网络市场调研又具有

明显的优势。

（一）网络市场调研的特点

1. 及时性和开放性

网络的传输速度非常快，网络信息能迅速传递给连接上网的任何用户。网络调研是开放的，任何网民都可以参加投票和查看结果，这保证了网络信息的及时性和共享性。网上投票信息经过统计分析软件初步处理后，可以及时地看到阶段性结果，同时，用户也可以实时看到阶段性结果，而传统的市场调研得出结论需要经过很长一段时间，公布结果更是需要花费较长时间。如人口抽样调查统计分析需要 3 个月的时间，而 CNNIC 在对互联网进行调查时，从设计问卷到实施网上调查再到发布统计结果，只要 1 个月的时间。

2. 便捷性和低费用

网络市场调研可节省传统市场调研中所耗费的大量人力和物力。在网络上进行调研，只需要一台能上网的计算机即可。调查者在企业站点上发出电子调查问卷，网民自愿填写，然后通过统计分析软件对访问者反馈回来的信息进行整理和分析。网络市场调研在收集过程中不需要外出调查人员，不受天气和距离的限制，不需要印刷调查问卷，调查过程中最繁重、最关键的信息收集和录入工作将分布到众多网上用户的终端上完成。网上调查可以无人值守和不间断地接受调查填表，信息检验和信息处理工作均由计算机自动完成。

3. 交互性和充分性

网络的最大优势是交互性。这种交互性在网络市场调研中体现在：在网上调查时，被访问者可以及时就问卷相关的问题提出自己的看法和建议，可以减少因问卷设计不合理而导致的调查结论出现偏差等问题。同时，被访问者可以自由地在网上发表自己的看法，同时没有时间限制。传统的市场调研是不可能做到这些的，例如，面谈法中的路上拦截调查，它的调查时间较短，一般不超过 10 分钟，否则被调查者会不耐烦，因而传统的市场调研对访问调查员的能力要求非常高。

4. 调研结果的可靠性和客观性

由于企业站点的访问者一般都对企业产品有一定的兴趣，所以这种基于顾客和潜在顾客的市场调研结果是客观和真实的，它在很大程度上反映了消费者的消费心态和市场发展的趋向。被调查者在完全自愿的原则下参与的调查，针对性更强，而传统的市场调查中的路上拦截调查，实质上带有一定的“强制性”。网络调查问卷的填写是自愿的，不是传统调查中的“强迫式”，填写者一般对调查内容有一定的兴趣，回答问题相对认真，所以问卷填写可靠性高。网络市场调研可以避免传统市场调研中的人为因素所导致的调查结论偏差，被访问者在完全独立思考的环境中接受调查，能最大限度地保证调研结果的客观性。

5. 无时空和地域限制

网络市场调研可以全天候 24 小时进行。这与受区域和时间制约的传统市场调研方式有很大不同。如，某家电企业利用传统市场调研方式在全国范围内进行市场调研，需要各个区域代理商的密切配合。

6. 可检验性和可控制性

利用互联网进行网上调研收集信息。可以有效地对采集信息的质量实施系统的检验和控制。网络市场调查问卷可以附加全面规范的指标解释，这有利于消除因对指标理解不清或调查员解释口径不一致而造成的调查偏差。问卷的复核检验由计算机依据设定的检验条件和控制措施自动实施，这可以有效地保证对调查问卷进行 100% 复核检验，并保证检验与控制的客观公正性。针对被调查者的身份验证技术可以有效地防止信息采集过程中的舞弊行为。

（二）网络市场调研与传统市场调研的比较

通过表 4－1，可以明显地看出两者的不同。

表 4－1　网络市场调研与传统市场调研的比较

比较项目	网络市场调研	传统市场调研
调研费用	低，主要包括设计费和数据处理费，每份问卷所要支付的费用几乎为零	高，主要包括：问卷设计、印刷、发放、回收、聘请和培训访问员、录入调查结果、由专业公司对问卷进行统计分析等多方面的费用
调研范围	广，全国乃至全世界，样本数量庞大	有限，受成本限制，调查地区和样本的数量均有限
运作速度	快，只需搭建平台，数据库可以自动生成，几天就可以得出结论	慢，需要 2～6 个月
调研的时效性	24 小时	不同的被访问者可进行访问的时间不同
被访问者的便利性	非常便利，被访问者可以自由决定时间、地点回答问卷	不太方便，一般要跨越空间障碍，到达访问地点
调研结果的可信性	相对真实可信	一般有督导对问卷进行审核，措施严格，可信性高

1. 网络市场调研的一般步骤

网络市场调研与传统市场调研一样，需要遵循一定的方法与步骤，以保证调研过程的质量。网络市场调研一般包括以下几个步骤：

（1）明确问题与确定调研目标。

明确问题与确定调研目标对使用网上搜索的方式来说尤为重要。互联网是一个源源不断的信息流，当用户开始搜索时，可能无法精确地找到所需要的重要数据，不过沿路肯定会发现一些其他有价值抑或价值不大但很有趣的信息。这似乎验证了在互联网上进行信息搜索的定律：在互联网上，用户总能找到不需要的东西。其结果是，用户为之付出了时间和金钱的代价。因此，用户在开始网上搜索时，头脑里要有一个清晰的目标并用心去寻找。可以设定的目标包括：谁有可能在网上使用网站提供的产品或服务？谁是最有可能购买网站提供的产品或服务的客户？在这个行业，谁已经上网了？他们在干什么？客户对网站竞争者的印象如何？在公司日常的运作中，可能要受哪些法律法规的约束？如何规避？

（2）制订调查计划。

网络市场调研的第二个步骤是制订出最为有效的信息搜索计划。具体来说，需要确定资料来源、调查方法、调查手段、抽样方案和联系方法。

资料来源：确定收集的是二手资料还是一手资料（原始资料）。

调查方法：网络市场调查可以使用专题讨论法、问卷调查法和实验法。

调查手段：在线问卷，其特点是制作简单、分发迅速、回收方便，但要注意问卷的设计水平。交互式电脑辅助电话访谈系统，是利用一种软件程序在电脑辅助电话访谈系统上设计问卷结构并在网上传输。互联网服务器直接与数据库连接，对收集到的被访者答案直接进行储存。网络调研软件系统，是专门为网络调研设计的问卷链接及传输软件，它包括整体问卷设计、网络服务器、数据库和数据传输程序。

抽样方案：要确定抽样单位、样本规模和抽样程序。

联系方法：采取网上交流的形式。如发送电子邮件问卷、参加网上论坛等。

（3）网络调研样本的选择。

网络调研的样本数量众多，如何进行样本选择关系到网络调研的准确性、真实性和可靠性。一般来说，样本选择可以分为随机抽样和非随机抽样。

判断抽样，是根据调查者的主观判断来抽取样本。适用的情况：总体范围较小，总体各单位之间差异较小；探索性研究，如为问卷设计、正式抽样调查等打下基础。

（4）收集信息。

网络通信技术的突飞猛进使得资料收集的方法迅速发展。互联网没有时空和地域的限制，因此网络市场调研可以在全国甚至全球进行。同时，收集信息的方法也很简单，直接在网上递交或下载即可。这与传统市场调研收集资料的方式有很大的区别。

如某公司要了解各国对某一国际品牌的看法，只需要在一些著名的全球性广告站点发布广告，把链接指向公司的调查表就可以了，无须像传统市场调研那样，在各国找不同的代理分别实施。诸如此类的调查如果利用传统的方式调研，其困难是无法想象的。

在线问卷回答中，访问者经常会有意无意地漏掉一些信息，这可以通过在页面中嵌入脚本或 CGI 程序进行实时监控。如果访问者遗漏了问卷上的一些内容，其程序会拒绝递交调查表，或者验证后重发给访问者要求补填。最终，访问者会收到证实问卷已完成的公告。在线问卷的缺点是无法保证问卷上所填信息的真实性。

（5）分析信息。

收集信息后要做的是分析信息，这一步非常关键。调查人员如何从数据中提炼出与调查目标相关的信息，直接影响最终的结果。要使用一些数据分析技术，如交叉列表分析技术、概括技术、综合指标分析技术和动态分析技术等。目前国际上较为通用的分析软件有 SPSS、SAS 等。网络信息的一大特征是即时呈现，而且很多竞争者还可能从一些知名的商业网站上看到同样的信息，因此分析信息的能力相当重要，它能使调查人员在动态的变化中捕捉到商机。

（6）提交报告。

调研报告的撰写是整个调研活动的最后一个阶段。报告不是数据和资料的简单堆砌，调研人员不能把大量的数字和复杂的统计技术扔到管理人员面前，这样就失去了调研的价值。正确的做法是把与市场营销关键决策有关的主要调查结果报告呈现出来，并以调查报告所应具备的正规结构写作。

作为对填表者的一种激励或犒赏，网络调查应尽可能地把调查报告的全部结果反馈给填表者或广大读者。如果限定为填表者，只需要分配给填表者一个进入密码。对一些“举手之劳”式的简单调查，可以以互动的形式公布统计结果，这样效果更佳。

第二节　网络市场调研的基本方法与渠道

网络市场调研的方法很多，大体上可以分为网络直接调研法和网络间接调研法。这两种方法的使用途径都有各自的特点，同时也可以利用传统市场调研方法来辅助完成网络调研。

一、网络市场直接调研的方法

网络市场直接调研是指为当前特定的目的在互联网上收集一手资料或原始信息的过程。直接调研的方法有：观察法、专题讨论法、在线问卷法和实验法。网上使用最多的是专题讨论法和在线问卷法。调研过程中具体应采用哪一种方法，要根据实际调查的目的和需要而定。但是需要注意一点，无论采用哪种调研方法，都应该遵循网络规范和礼仪。下面重点介绍应用最多的专题讨论法、在线问卷法和电子邮件调查法。

（一）专题讨论法

专题讨论法是指专门邀请一部分人员，在一个有经验的主持人的引导下，用几个小时讨论一种产品、一项服务、一个组织或其他市场营销话题的一种调研方法。在网络市场调研中，专题讨论法可以通过新闻组、公告栏或邮件列表讨论组进行，其步骤如下：

（1）确定要调查的目标市场。

（2）识别目标市场中要加以调查的讨论组。

（3）确定可以讨论或准备讨论的具体话题。

（4）登录相应的讨论组，通过过滤系统发现有用的信息，或创建新的话题，让大家讨论，从而获得有用的信息。

具体地说，目标市场的确定可以根据新闻组、公告栏讨论组或邮件列表讨论组的分层话题进行选择，也可以向讨论组的参与者查询其他相关名录。同时，应注意查阅讨论组上的常见问题，以便确定能否根据名录进行市场调查。

需要注意的是，网络上的专题讨论法由于无法确认参与者的年龄、性别、职业等用户的身份信息，因此，有时讨论的内容可能无法按照原来的预想进行，这就需要相关组织人员能够及时引导参与者的讨论行为和话题。

（二）在线问卷法

在线问卷调查是常用的市场调研方法之一。目前已有众多企业或网站从事该项服务，可以为个人或企业提供便捷的在线市场调查服务。开展在线问卷方法可以得到很多人的关注与回答，不仅在数量上面可以达到预期成果，而且也有时间短的特点。在线问卷法还可以直接用网络系统进行统计分析，这样不仅节省了人力，也为调研的工作带来了更多的便利条件，尤其是对于一些没有具体的统计分析知识的人员，在线文件方法可以提供更多便利，也会为工作的开展带来更多的成果。目前较为知名和常用的服务网站有问卷星（www. sojump. com）、调直派（www. diaochapai. com）、问卷网（www. wenjuan com）、腾讯问卷（http：//wj. qq. com/）等。

（三）电子邮件调查法

目前几乎所有的网络用户都拥有自己的电子邮箱，网络市场调查者可以借助各种渠道把问卷发送到选定的被调查者的电子信箱中，请他们完成问卷并通过网络传回指定的网络平台，通过已经设置的程序即时获得数据汇总结果，并可以进行进一步的分析。

电子邮件的普遍性可以保证一定量的回收样本。但值得注意的是，过度发布电子调查问卷会导致消费者对网络调查的逆反心理，并能进一步导致被调查者采取预防措施，如设置隔离程序，防止此类问卷再次闯入自己的电子信箱等。网络调研者可以采取通过网络平台先行过滤，利用网页的设置引导潜在的消费者经过层层过滤逐步进入，最终进入问卷网页。这样的样本是直接和有效的样本，所获的数据才能反映最可能的潜在消费者的情况。

二、网络市场间接调研的方法

网络市场间接调研，是指在网上进行二手资料的收集。二手资料的来源有很多，如政府出版物、公共图书馆、大学图书馆、贸易协会、市场调查公司、广告代理公司和媒体、专业团体、企业情报室，等等。其中许多单位和机构都已在互联网上建立了自己的网站，各种各样的信息都可通过访问其网站获得。再加上众多综合型互联网内容提供商（Internet Content Provider，ICP）、专业型互联网内容提供商，以及成千上万个搜索引擎网站，从而使互联网上二手资料的收集非常方便。

互联网上虽有海量的二手资料，但要找到自己需要的信息也要借助于相关工具。首先是必须熟悉搜索引擎的使用，其次是要掌握专题型网络信息资源的分布。综合来看，网上收集二手资料的方法主要通过以下三种。

（一）利用搜索引擎查找资料

搜索引擎是在网络上查找和收集二手资料的重要手段。搜索引擎使用自动索引技术发现、收集并标引网页，建立数据库，以网页形式将检索界面提供给用户，用户只需要输入关键词、词组或短语等检索项就可以查询，使用简单、方便、快捷，因此搜索引擎成为互联网上查找资料的方法中最突出的应用。

（二）访问相关网站收集资料

如果知道某一专题的信息主要集中在哪些网站，可以直接访问这些网站，获得所需的资料。如化工报告网（http：//www. bingqichem. com/），提供了化工行业相关的动态信息、市场分析，同时也提供相关的专业咨询服务（见图4－4）。慧聪网（http：//www. hc360. com/）提供了包括汽车行业、机械电子行业、化工行业、钢铁行业等多个行业的产品供求信息，以及相关行业的动态信息。环球资源网（http：//www. globalsources. com/）提供了多个行业的信息以及最新的展会信息。此外，相关政府部门的网站也都提供了有关本行业的统计信息以及最新动态。如工业和信息化部网站（http：//www. mit. gov. cn/），农业农村部网站（http：//www. moa. gov. cn/）等都会定期公布最新的统计数据。这些网站都是获得权威资料信息的重要途径。

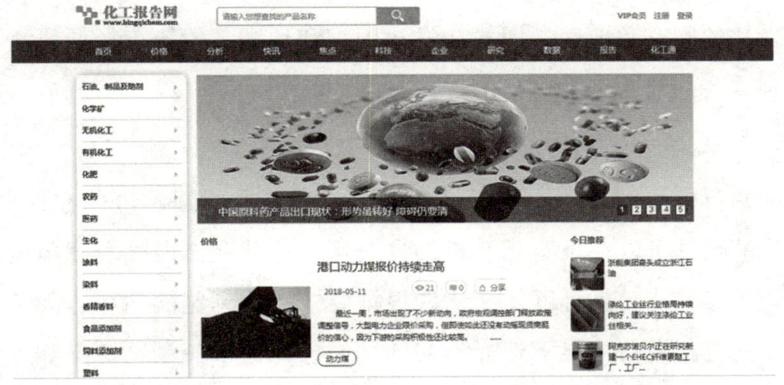

图4－4　化工报告网

（三）利用相关网络数据库查找资料

网络数据库有付费和免费两种。在国外，市场调查用的数据库一般都是付费的。我国数据库近10年也有了较大的发展，近几年出现了若干个web版的数据库，其中文献信息的数据库居多。如国研网（http：//www. drcnet. com. cn）提供了综合版、世经版、教育版、企业版等不同版本的资料信息，为全面了解我国乃至世界经济的发展提供了权威的资料来源（见图4－5）。

图 4－5　国研网首页

三、传统市场调研方法对网络市场调研的辅助作用

虽然互联网调研发展很快，以互联网为唯一调查媒介的网络市场调研公司应运而生，并且取得了引人注目的成绩，但传统市场调研法仍是不可或缺的，特别是在一些经济技术不发达的国家和地区。即便在发达国家和地区，传统市场调研法仍可以对互联网调研起到重要的辅助作用。

（一）定点测试

在测试网站目标受访者集中的区域，如面向消费者的网站可以在社区或商场里；面向职业人员的网站可以在没有计算机的办公区，装载测试网站和竞争网站，邀请符合条件的受访者参加访问。可以让受访者根据要求一边浏览网站一边发表意见，或者让受访者先在完全自由的情况下选择不同的网站，并记录其浏览情况和评价意见。这种方法可以记录受访者的浏览行为和基本变量（如年龄、性别）的关系，从而为网站的测试提供有针对性的意见。一般情况下，每个城市选择 3～5 个测试地点，并由委托方提供计算机和软件设备。

（二）入户调查

传统的入户调查统计结果具有统计推断意义，可以用于不需要浏览网站的研究，如网站品牌研究、市场定位、新网站开发等。目前，一种入户调查的改进方法是访问员持笔记本计算机进行入户访问，对被访者进行现场演示，这是进行网站测试具有代表性的方法，其缺点是需要准备较多的笔记本计算机和有丰富计算机知识的访问员，且所需费用也较高。

（三）计算机辅助电话调查

计算机辅助电话调查是中心控制电话调查的“计算机化”形式，是利用软件语言程序在计算机辅助电话调查上设计问卷结构并在网上进行传输的一种调查。应用这种方式进行调研时，每一位访问员都会坐在一台计算机终端或个人计算机前，同时他们都有一部电话，总台可以通过电话对其随时进行监控。当被调查者的电话接通并甄别合格后，访问员即开始按照计算机屏幕出现的问题提问被调查者，最后由访问员读出问题和答案，并输入被调查者回答的答案。一道问题问答完毕后，计算机会自动显示恰当的下一道问题。计算机辅助电话调查的优点在于其目标总体有效，涵盖在家上网的网民总体，调查结果具有统计意义，并且可以低成本、快速地获得被调查者的信息。其局限性在于访问时间和调查内容会受到限制。

第三节　调研与分析工具介绍

一、在线问卷调查

在线问卷调查是最常用的在线市场调研方法之一。在此，我们以问卷星网站为例，对在线市场调查进行介绍。问卷星（www. sojump. com）是一家专业的在线问卷调查服务提供商。除此之外，该网站还可以提供在线考试、报名登记、投票等服务。

（一）问卷设计

进入问卷星首页，注册成功后会自动出现创建问卷页面（见图 4－6）。

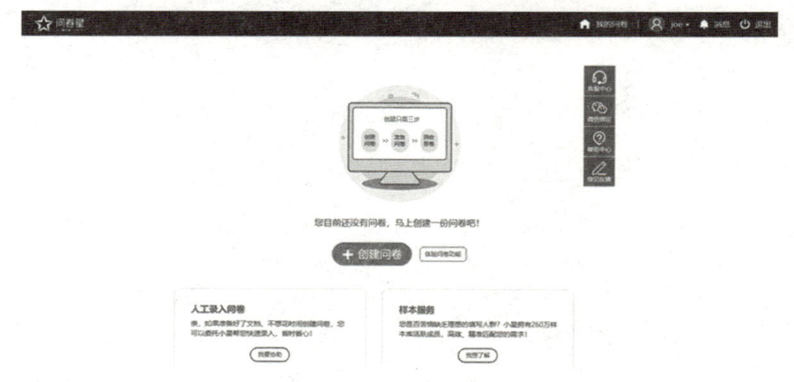

图 4－6　创建问卷页面

单击后操作者可选择问卷创建方式（见图 4－7）：

图 4－7　选择问卷创建方式

然后进入问卷编辑页面进行编辑（见图4－8）：

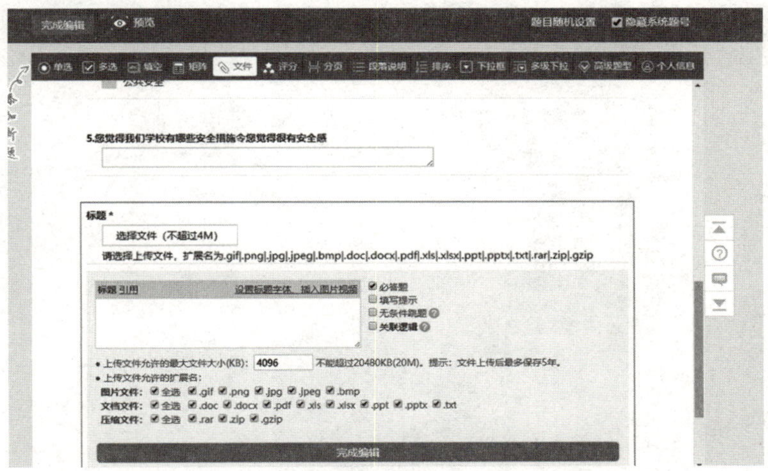

图4－8 问卷编辑页面

在问卷设计过程中，操作者可以随时增减选项，对选项进行补充填空、删除选项等（见图4－9）。

图4－9 问卷设计

还可以自定义问卷背景及Logo，修改问卷文字大小、字体和颜色等。

（二）问卷发布与回收

问卷编辑完成后即可发布，发布后生成问卷链接，复制后可通过QQ群、微信群、群发邮件邀请、群发短信邀请、发送问卷二维码等多渠道推送问卷（见图4－10）。

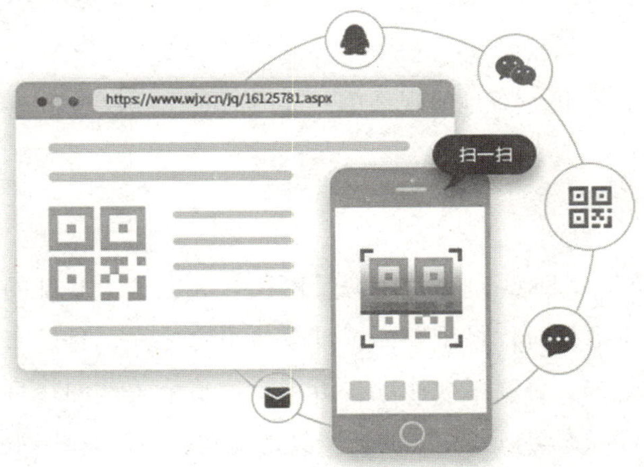

图4－10 多渠道发送问卷链接

在被调查者提交问卷答案后，调查者可以到“分析下载”里查看结果，在“查看下载答卷”中可下载原始数据（见图 4-11）。

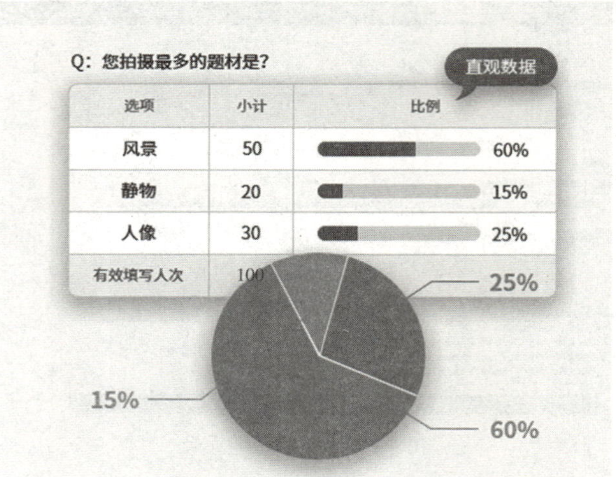

图 4-11　可直观呈现数据结果

（三）数据统计与分析

1. 分类统计

使用网站中的“分类统计”功能可以以问卷中的任何一道或多道选择题的选项、填写者 IP 所在省份或城市、答卷来源渠道为依据进行分类，从而得到每一类答卷的统计报告。

2. 交叉统计

使用交叉分析功能可以设定一个或多个自变量和因变量，从而得到自变量取不同值时因变量的数据。并以数据表格或折线图、柱状图等方式呈现。例如，以部门为自变量、满意度为因变量进行交叉分析，可以得到某企业各部门员工满意度对比情况报表。

3. 频数分析

使用“频数分析”可直观地呈现某单一选项的简单频数。

二、百度指数

（一）概述

百度指数（Baidu index）是以百度海量网民行为数据为基础的数据分享平台，是当前互联网乃至整个数据时代最重要的统计分析平台之一，自发布之日便成为众多企业营销决策的重要依据。百度指数能够告诉用户：某个关键词在百度的搜索规模有多大，一段时间内的涨跌态势以及相关的新闻舆论变化，关注这些词的网民是什么样的，分布在哪里，同时还搜了哪些相关的词，帮助用户优化数字营销活动方案。“百度指数”的首页界面如图 4－12 所示。

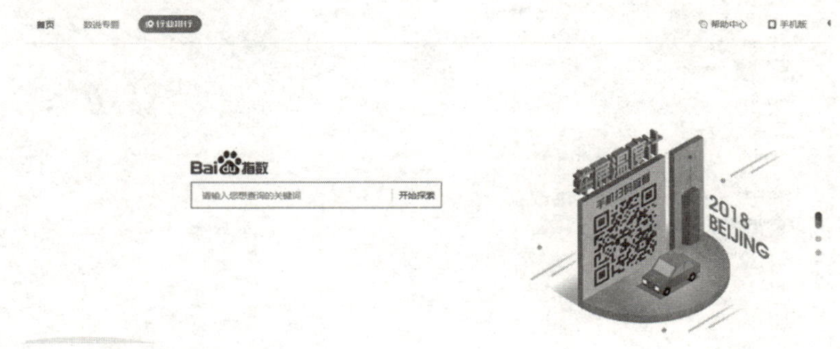

图 4－12　百度指数首页

截至目前，百度指数的主要功能模块有：基于单个词的趋势研究（包含整体趋势、PC 趋势还有移动趋势）、需求图谱、舆情管家、人群画像；基于行业的整体趋势、地域分布、人群属性、搜索时间特征等。

百度指数的理想是“让每个人都成为数据科学家”。对个人而言，大到置业时机、报考学校、入职企业发展趋势，小到约会、旅游目的地选择，百度指数可以助其实现“智赢人生”；对于企业而言，竞品追踪、受众分析、传播效果，均以科学图标全景呈现，“智胜市场”变得轻松简单。大数据驱动每个人的发展，而百度倡导数据决策的生活方式，正是为了让更多人意识到数据的价值。

（二）特色功能

1. 趋势研究

百度趋势可为用户提供某关键词在百度中出现的整体趋势、PC 趋势和移动趋势。PC 趋势主要涉及使用电脑进行相关操作的客户端；移动趋势主要涉及使用手机等进行相关操作的移动客户端。其中，PC 趋势积累了 2006 年 6 月至今的数据，移动趋势展现了从 2011 年 1 月至今的数据。在此基础上，用户不仅可以查看最近 7 天、最近 30 天以及 90 天的单日指数，还可以自定义时间查询。

例如，我们在百度指数的搜索框中输入“股市”，就可以看到在不同时间区间内有关该关键词搜索的各项趋势（见图 4－13）。

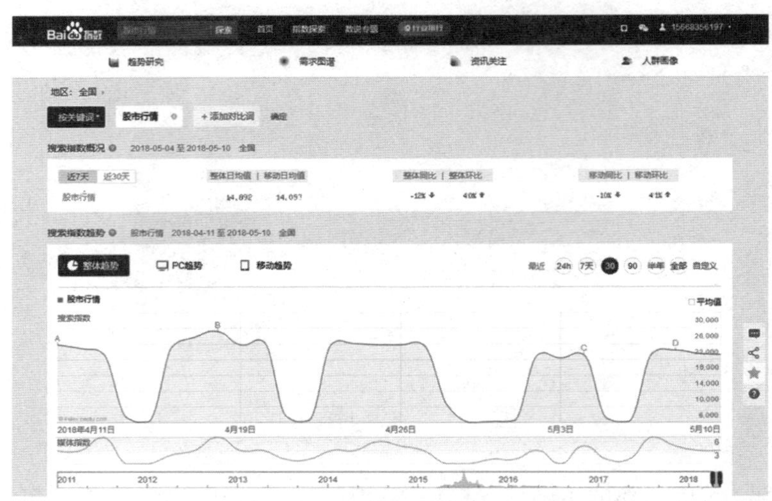

图 4 – 13　关键词为“股市”的百度指数搜索结果

2. 需求图谱

每一个用户在百度的检索行为都是主动意愿的展示，每一次的检索行为都可能成为该消费者消费意愿的表达，百度指数的需求图谱基于语义挖掘技术，向用户呈现关键词隐藏的关注焦点、消费欲望。

例如，图 4 – 14 中显示的就是与“股市”相关的其他重要关键词。

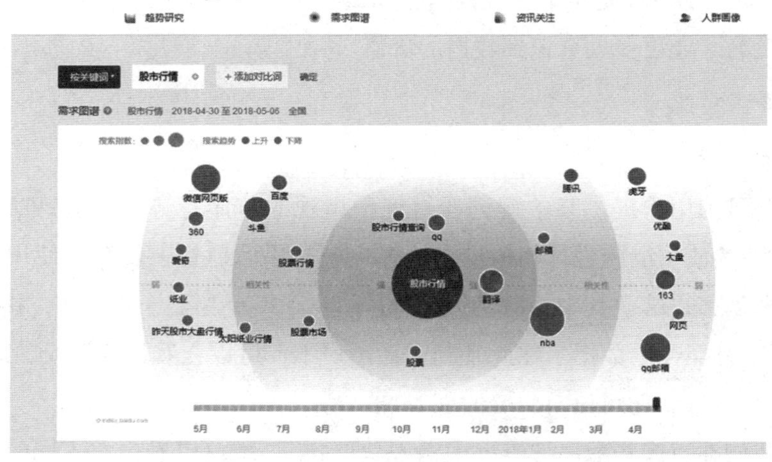

图 4 – 14　与“股市”相关的其他重要关键词

3. 舆情管家

借助舆情管家的强大功能，百度指数可一站式呈现任意关键词，包括最热门的相关新闻、微博、问题和帖子，营销活动的影响力不再“看不见、摸不着”。

百度指数允许收藏最多 50 个关键词，对于市场、产品工作人员，需要长期监控自己的品牌名。竞争对手的舆情，不需要每次进行多次输入，而是通过一张列表呈现。

图 4－15 显示的是与“股市”相关的新闻等信息。

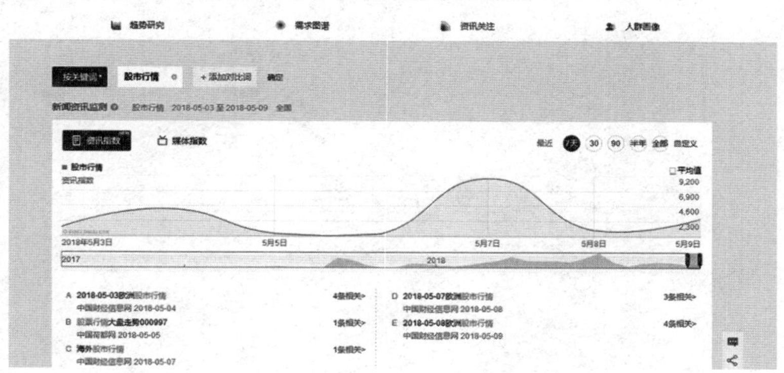

图 4－15　与“股市”相关的新闻等信息

4. 人群画像

通过人群画像，以往需要花费巨大精力开展的调研已不再必需，轻松输入关键词，即可获得用户年龄、性别、区域、兴趣的分布特点，并且绝对真实客观。

图 4－16 显示的是对“股市”关键词感兴趣的用户年龄、性别差异。

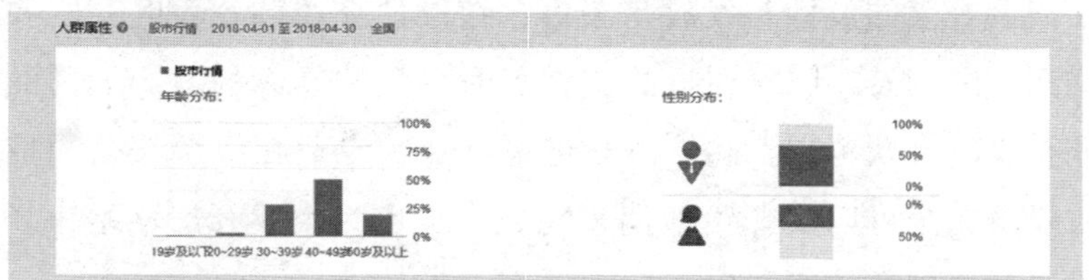

图 4－16　对“股市”关键词感兴趣的用户年龄、性别差异

本章小结

网络市场调研是利用网络展开的市场调查活动，主要的调查对象是网络用户，随着网民人数的迅速增加，网络市场调研已经成为一种重要的调查手段。与传统的市场调研相比，网络市场调研具有成本低、不受时间和空间限制等优势。网络市场调研的方法主要包括直接调研法和间接调研法，间接调研法主要通过搜索引擎来获得二手资料，直接调研法中的在线问卷调查是网络市场调研中获得一手资料使用最多的调研方法，其中，在线调查表的设计与发放是关键，在设计在线调查表时一定要根据调查对象来设计不同形式的问卷，同时在投放调查表时尽量选择大的有影响力的网站进行投放，以提高调查表的受众范围。此外，有越来越多的专业在线调查公司成立，在线调查表的设计与投放完全可以委托给他们来完成，这也为企业开展网络市场调查，搜集信息资料提供了越来越多的便利。

复习思考题

一、简答题

1. 试述网络市场调研的含义。
2. 网络市场调研的特点有哪些？
3. 网络市场调研与传统市场调研有何区别？
4. 如何制订网络市场调研计划？
5. 网络市场调研有哪些步骤？
6. 网络市场调研样本如何选择？
7. 网络市场直接调研的方法有哪些？
8. 网络市场间接调研的方法有哪些？
9. 一般在线专题讨论的步骤是什么？
10. 常用的在线问卷调查的服务网站有哪些？

二、案例分析题

安徽特酒集团网络营销市场调研案例分析

一、集团网络营销市场调研的思路

安徽特酒集团首先确定了网络营销的调研思路，并以此为依据进行网络市场调研活动。

1. 明确调研方向

安徽特酒集团是我国特级酒精行业的龙头企业，全套设备及技术全部从法国引进。其主要产品是伏特加酒及分析级无水乙醇。其中无水乙醇的销量占全国的50%以上。伏特加酒通过边境贸易，向俄罗斯等国家出口达到1万吨，总销售额超过1亿元。伏特加酒作为高附加值的主打产品，是安特集团利润的主要来源。但是，随着俄罗斯等国家经济形势的日趋恶化，出口量逐年减少，形势不容乐观。安特集团审时度势，决定从1998年的下半年开始通过互联网进行网络营销市场调研，并在此基础上开辟广阔的欧美市场。集团确定了营销调研的三个方向。

（1）价格信息。包括生产商报价、批发商报价、零售商报价、进口商报价。

（2）关税、贸易政策及国际贸易数据。包括关税、进口配额、许可证等相关政策，进出口贸易数据，市场容量数据。

（3）贸易对象，即潜在客户的详细信息。包括贸易对象的历史、规模、实力、经营范围和品种、联系方法等。

2. 确定信息收集途径

（1）价格。主要有两种：一是生产商报价，包括厂方站点、生产商协会站点、讨论组和Trade－Lead（有两种方式：按国家分别检索、常用站点每周例行检索）；二是销售商报价，包括销售商站点、政府酒类专卖机构和商务谈判信息。

（2）关税、贸易政策和数据。主要包括检索大型数据库，向已经建立联系的各国进口商发电子邮件，相关政府机构站点和新闻机构站点查询。

（3）交易对象的详细信息。包括目录型、数量型、地域型搜索引擎，黄页，专业的管理机构及行业协会站点和各国酒类专卖机构站点。

二、集团网络营销市场调研的步骤

安徽特酒集团网络营销市场调研的步骤一般经过以下几个方面。

1. 价格信息的收集

价格信息的收集是至关重要的，它是制订价格策略和营销策略的关键。通过对价格信息的分析，可以确定世界上各种伏特加酒的质量与价格之间的比例关系，可以摸

清世界各国伏特加酒的总体消费水平，可以确定国际伏特加酒的贸易价格，其中最主要的作用还是为安特牌伏特加酒进行出口定位。

对价格信息的收集从以下几个方面入手。

（1）生产商的报价。由于安特集团是生产企业，因此与来自其他生产企业的价格可比性很强，参考价值很高。特别是世界知名伏特加酒生产企业的报价，更具有参考价值。这是因为世界著名的伏特加酒在国际贸易中占的比例很大，其价格能左右世界市场的价格走向。

生产商的报价从以下几个方面入手。

①搜索厂方站点。这种方法的关键是如何查找生产商的互联网站点，找到了生产商的站点也就找到了报价。有的站点还提供最新的集装箱海运运价信息，有很高的参考价值。

搜寻厂商站点，常用的方法是利用搜索引擎，即利用关键词进行数据检索。一般来说，商业性的检索都需要利用该搜索引擎的高级功能。在检索之前应仔细阅读关于检索的说明，真正掌握检索的规律。另外，任何一个搜索引擎都有其局限性，应该把多个搜索引擎结合起来使用，才能达到事半功倍的效果。目前，常用的搜索引擎有雅虎、Infoseek、HotBot、Lycos、Altavista、Webcrawler 等。

②利用生产商协会的站点。这类站点也可以通过搜索引擎查询到。通常，生产商协会的网站上都列出了该生产商协会所有会员单位的名称及联系方式，但是一般都没有列出这些会员单位自己的网站，主要原因是这类协会的网站在建立时，绝大部分的协会会员还没有建立网站。此时，向这些机构发出请求帮助的电子邮件，一般都会得到满意的结果。

③利用讨论组。讨论组中的报价也大都是生产企业的直接报价。从事国际贸易的企业一般是加入讨论组中的进出口（import - export）组，在这个专业的讨论组中，可以发现大量关于进出口贸易的信息，然后输入关键词查询，可以寻找到所需要产品的报价。

（2）销售商的报价。销售商包括进口商和批发商，它们报出的价格都是国内价格，一般都含有进口关税。对于生产企业而言，可比性不是很强。但是它们所提供的十几种甚至几十种产品都来自不同的国家，参考价值很高。生产商可以据此确定每种产品的档次，确定不同档次产品的价格水平。

另外，还可以对不同国家的关税水平有一个大概的了解。收集销售商的报价可以从几个方面入手。

①销售商站点中的报价。找到销售商的站点，也就找到了它们的报价，也可利用

各种搜索引擎的关键词来查找销售商站点。

②政府酒类专卖机构的价格。在某些国家或地区，政府的酒类专卖机构是唯一的进口商和批发商。这些机构中酒类品种多达上百种，价格中的虚头也最少，所以参考价值很高。www. abc. ca. gov、www. lcbo. com、www. systembolaget. se 分别是安徽特酒集团利用的美国加利福尼亚州、加拿大安大略省和瑞典的酒类专卖机构的站点。

③在商务谈判中定价。商品的最终价格往往要通过商务谈判才能确定，这种方式非常复杂，耗费的时间和金钱也最多，但它却是现阶段商业定价最重要的方法，也最能体现供需双方的信息。然而，商务谈判中的定价极难获得，有的企业甚至视其为高度的商业机密。安特集团在实践中发现，搜索各种博览会、交易会的信息公告以及从经济类媒体的报道中可以发现有用的信息。

从生产商、销售商及商务谈判中得到的价格信息，应该再加以整理、分析，才能确定它们之间的相互关系，最后得出完整的价格体系。

2. 关税及相关政策和数据的收集

关税及相关政策信息在国际营销活动中占有举足轻重的地位。进口关税的高低影响着最终的消费价格，决定了进口产品的竞争力；有关进口配额和许可证的相关政策关系到向这个国家出口的难易程度；海关提供的进出口贸易数据能够说明这个国家每年的进口量，即进口市场空间的大小；人均消费量及其他相关数据则说明了某个国家总的市场容量。要从世界上 160 多个国家来选择重点销售地区、确定重点突破目标，就必须依靠这些信息。这类信息的收集有以下几种方案。

(1) 通过大型数据库检索。互联网中包含大量的数据库，其中大型的数据库有数百个，与国际贸易有关的数据库至少有几十个，其中有的收费，有的免费。收费的数据库商业价值最高，一般来说，想要的信息都能从其中查到；免费的数据库通常都是某些大学的相关专业建立起来的，其使用价值也很高。

美国 DIALOG 联机数据库系统（www. dialog. com）是世界上最大的数据库检索系统，它包括了全球大多数的商用数据库资源。另外，它还提供了一套专门的信息检索技术，有专用的命令，初次使用者需要认真学习才能掌握。该网站的大多数服务是收费的，但是网站提供了一个免费的扫描程序，可以帮助访问者得到扫描结果，若要得到其他的内容则需付费。

通过对数据库的查询，安特集团得到了欧洲各国人均烈酒消费量的数据，北欧、中欧和英国的人均消费量很高，而地中海沿岸各国的消费量则相对小得多，据此可以确定欧洲是重点潜在市场。

(2) 向已建立联系的各国进口商询问。这是一种非常实用、高效且一举两得的方法，不但考察了进口商的业务水平，确认其身份，而且可以收集到最直接有效的信息。企业拟定一份商业公函，发一个电子邮件给对方，其中详细列出询问的内容，请求对方在最短的时间内给予答复。但是，进行这种询问的前提是双方已经彼此了解，并且建立了相互信任的关系。如果没有这种关系，国外的进口商一般是不愿回答的，因为这种方式有恶意收集信息之嫌。

（3）查询各国相关政府机构的站点。随着互联网的高速发展，很多政府机构已经上网，建立了独立的网站。用户可以针对不同的问题去访问不同机构的站点，许多问题都可以得到非常详尽的解答。对于没有查到的内容，还可以发电子邮件请求相关职能部门或咨询部门给予答复。安特集团发出的此类信件，基本上都得到了较为详尽的答复。

（4）通过新闻机构的站点查询。世界上各大新闻机构的站点都是宝贵的信息库，特别是国际上著名的几家新闻机构（如 BBC、CNN、Reuter 等），其每天 10 万字以上的新闻是掌握实时新闻和最新信息的捷径，而且有的站点还提供过去 1 年到 2 年的信息，并且支持关键词的检索。另外，一些关键的贸易数据、关税或人均消费量在某些新闻稿中也可以查到，这对于信息的掌握常常是很重要的。

3. 各国进口商详细信息的收集

收集进口商的信息是网络营销的一个重要环节，其目的是建立一个潜在客户的数据库，从中选出真正的合作伙伴和代理商。需要收集的信息具体内容包括：进口商的历史、规模、实力、经营的范围和品种、联系方法（电话、传真、电子邮件）。对于已经建立了网站的进口商，只要掌握其网址就可以拥有以上信息；对于没有建立网站的进口商，可以先得到其联系方法，建立联系后再询问。具体方法有以下几种。

（1）利用雅虎等目录型的搜索工具。雅虎的优势在于其分类目录，它把信息按主题建立分类索引，并按字母顺序列出了 14 个大类，用户可以按照类别分级向下查询。雅虎共汇集了 30 万个左右的分类 URL，信息量大、准确率高。

（2）利用数量型的搜索工具。数量型的搜索引擎都支持关键词的检索。对于支持布尔逻辑搜索的引擎（即采用或、与、非等布尔逻辑符号进行的搜索），还可以把词义相近的词语组合起来进行一次性的查询，如一般使用伏特加（进口、代理商、批发、经销者或交易）进行搜索，可以得到较好、较全面的结果。

（3）借助地域性的搜索引擎。互联网上的 URL 浩如烟海，各大搜索引擎所能收列的毕竟是少数。这就要求检索者学会利用各种地域性的、规模较小的搜索。例如每个国家都有几个甚至十几个较知名的搜索引擎，可以通过它们搜索到当地的大部分 URL，如：www. solo. ru、www. cesnet. cz、www. eckorea. net 等。这对于针对某个国家的信息收集是最有帮助的。这些地域性 URL 也可以通过类似雅虎的目录性的搜索引擎按国家/互联网/服务（如德国/互联网/搜索）一级一级地向下找。

（4）通过黄页等商业工具。在电话号码簿上，商业机构通常用黄色的纸张印刷，故而得名商业黄页。大多数著名的搜索引擎都提供商业黄页服务。一般来说，这些商业黄页服务不是自成一体的，都链接着某一个专业的商业搜索引擎。目前，世界上比较著名的商业搜索引擎主要有 bigbook、bigyellow 等。

（5）通过专业的管理机构及行业协会。这是一种高效快捷的查询手段，不但命中率相当高，而且信息的利用价值也相当高。作为网络营销检索的重要手段，应该得到高度的重视。安特集团在收集美国生产商及进口商的信息时，这种方法就收到了奇效。

在美国的酒类管理体制中，酒基本上被分成了啤酒、葡萄酒和烈酒三类，而且每种酒的进口或批发都需要专门的许可证或执照。这就带来了很大的麻烦，因为无法确定某一家公司到底是经营葡萄酒还是伏特加酒，到底是进口商还是批发商，在黄页中查询到的最小分类是酒（liquor），而没有更细的分类。当找到美国加利福尼亚州酒类管理中心的网站（www. abc. ca. gov）时，这些问题都迎刃而解了。这里不仅按酒的类别、字母、地域对每个公司进行了分类，而且对每个公司的信息都有详尽的记录，包括公司名称、申请人姓名、地址、许可证的种类、许可证的使用期限、经营历史、电话号码等，真是一个信息宝库。

（6）通过最大的进口商——各国的酒类专卖机构。在酒类控制严格的国家，往往酒类专卖机构是唯一的进口商。例如瑞典酒类专卖机构，每年都要向全世界招标进口某一种类的酒，其进口量也是很大的，最低为每年 150 个集装箱。所以应该特别注意定期访问其站点，以获得最新的招标信息。

三、网络营销市场调研过程评价

安特集团利用半年左右的时间，收集了以上情报，对于世界上伏特加酒的贸易状况有了基本了解，掌握了世界伏特加酒交易的价格走势，认清了安特牌伏特加酒所处的档次水平，也联系了上百家进口商、经销商，可以说基本上把握了国际伏特加酒市场的脉搏，圆满地完成了市场营销调研工作。这些工作为以后的网上谈判、选择代理商等网络营销工作打下了良好的基础。

[**案例分析**]

从以上案例我们可以看出网上调查的基本步骤和思路是什么？

第五章 网络营销策略分析

【学习目标】

☆了解网络营销产品的内涵、特点以及分类

☆掌握网络营销中所采用的不同的产品策略，根据特定的网络营销产品的特点，分析策划相应的网络营销产品策略

☆理解网络营销定价应考虑的因素和特点

☆掌握网络营销定价的策略

☆掌握网络分销渠道建设的步骤

☆了解网络促销的形式

【关键概念】

网络产品　网络产品定价　网络营销定价策略　网络分销渠道　渠道管理　网络促销

【引导案例】

从“漏斗现象”看网络营销管理的重要性

网络营销行业普遍存在一个“漏斗现象”：企业花大价钱筹建网站和推广营销，但吸引来的80%的网站访问者来一次就流走了，有15%的访问者访问多次后却不留下任何信息，有4%的访问者留下信息却不主动联系，只有不到1%的访问者最终与企业完成交易。这种现象值得那些正在做网络推广的企业重视。多数企业不懂得如何分析网站访问统计数据，从而无法相应地调整或改进策略，这实际上也是中小企业所普遍存在的网络营销“瓶颈”。绝大多数网站经营者寄希望于搜索营销带来的访问流量，却不知如何把自己网站的访

问流量转化为企业产品的销量。说到底，就是不知道如何对自己的网络营销进行管理，不知道如何识别客户、主动接待和管理客户，对网络营销管理的决策建议不能及时跟进。网络营销管理贯穿整个网络营销活动，其内容相当繁多，每一项网络营销职能均包含多种具体的网络营销管理内容。在不同的阶段，网络营销管理的任务和实现手段也会有一定的差别，有些属于阶段性网络营销管理，有些则属于长期性、连续性的管理内容。

第一节 网络产品与服务

一、网络营销中产品的概念

从市场营销学的角度来看，产品是指向市场提供的，供人们获取、使用或消费，从而满足人们某种欲望或需要的一切东西。广义的产品包括有形商品、服务、人员、场所、组织、主意或者它们的组合。从经济学的本质上讲，产品是一个收益的集合，它能满足一个组织或消费者的愿望，使他们愿意以货币或者其他有价值的东西来交换。在传统营销中，企业设计开发产品是以企业为起点的，从而使得消费者与企业在产品设计和开发过程中基本是分离的，顾客只是被动地接受和反应，无法直接参与产品的形成、设计和开发环节。在网络营销活动中，消费者的个性化需求更加突出，借助网络的优势，消费者购物的主动性、选择性大大加强，消费者的个性化需求也更加易于实现，因此，网络营销的产品概念不应停留在企业能为消费者提供什么的理解上，而应该关注“消费者需要什么、消费者想要得到什么”，真正以消费者需求为导向。网络赋予了产品更深的内涵，在网络营销中，营销者应该根据产品的新特点，采取不同于传统市场的营销策略来推广网络营销产品。

（一）传统产品的三个层次

根据市场营销学对产品的定义，手机、照片冲洗店、音乐会以及度假等都是产品。但是，产品不仅仅是我们看到的实体产品或是感受到的服务本身，它还应是一个产品整体。在传统市场营销中，营销大师菲利普·科特勒将产品分成核心利益（core benefit）、实际产品（actual product）和附加产品（augmented product）三个层次。最基础的层次是核心利益，它解决了购买者究竟购买的是什么的问题，在设计产品时，营销者必须首先定义这个核心，即什么是顾客寻找的解决问题的利益或服务。在第二层次，核心利益被转变为实际的产品，包括产品或服务的特征、款式设计、质量水平、品牌名称和包装。最后，还必须为顾客提供附加的服务和利益。围绕核心利益和实际产品建立一个附加产品，使消费者的价值需求及体验得到最大的满足，即个人化、便利、快捷、丰富等，这时，网络产品所带给消费者的价值就是更深层次的。传统产品的三个层次如图 5 - 1 所示。

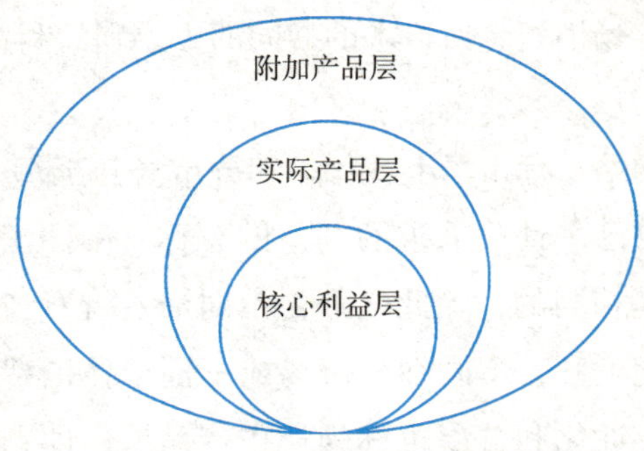

图 5 - 1　传统产品的三个层次

（二）网络营销产品的内涵层次

虽然传统产品的三个层次在网络营销产品中仍然起着重要作用，但传统营销中的主流营销活动是建立在一种面对面的营销界面基础之上的，而在网络环境下，网络的虚拟性，及屏对人的互动交流方式改变了以往我们对满足消费者需求价值的产品的认识。网络营销是在网上虚拟市场开展营销活动，以实现企业营销目标的。产品的设计和开发的主体地位已经从企业转向顾客，企业在设计和开发产品时还必须满足顾客的个性化需求，因此网络营销产品的内涵与传统产品的内涵有一定的差异，其层次比传统营销产品的层次大大扩展了。网络营销产品的概念可以概括为：在网络营销活动中，消费者所期望的能满足自己需求的所有有形实物和无形服务的总称。根据网络营销产品在满足消费者需求中的重要性，可以将网络营销产品整体划分为五个层次：核心利益层、个性化利益层、附加利益层、潜在利益层以及产品形式层，如图 5 - 2 所示。

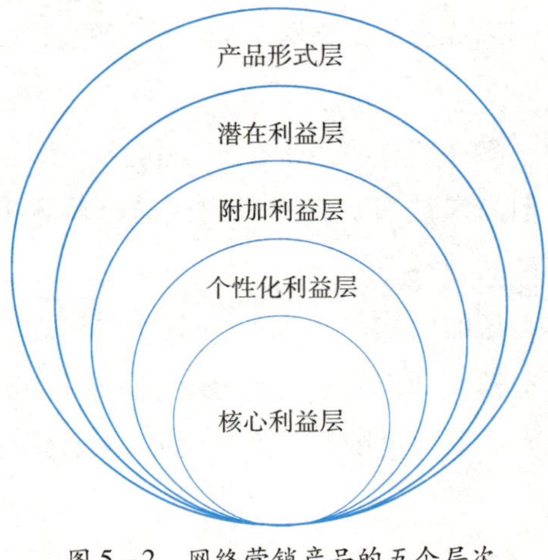

图 5 - 2　网络营销产品的五个层次

1. 核心利益层

核心利益层是指消费者希望通过交易活动得到的最核心或最基本的效用或利益。这一层次的利益是目标市场消费者所追求的共同的无差别的利益。

2. 个性化利益层

个性化利益层是指网络目标市场上，每一细分市场甚至每一个消费者希望得到的，除核心利益之外的满足自己个性化需求的利益的总称。不同消费者对同种产品所期望的核心效用或利益一般是相同的，除此之外，不同消费者对产品所期望的其他效用往往会表现出很大的个性化色彩，不同细分市场或不同个体消费者所追求的产品利益又是富有个性的。所以，个性化利益层也称为期望产品层，即顾客在购买产品前对可购产品的质量、使用方便程度、特点等不同的期望值。例如上网聊天，人们追求的都是社交需求的满足，但有的人是以觅友为目的，而有的人却以宣泄个人感情为目的，还有的则完全出于追求一种网络社交的体验等。

3. 附加利益层

附加利益层也称延伸利益层。网络营销整体产品中，附加利益层是指消费者选择网上购物时希望得到的一些附加利益的总称。这一层次产品的内容是为了满足消费者因获得前两个层次的产品利益而派生出的延伸性需求，同时也是为了帮助用户更好地使用核心利益和服务。它通常包括销售服务、保证、优惠、信贷、免费、赠品等内容。它是产品的生产者或经营者为了帮助消费者更好地获得核心利益与个性化利益而提供的一系列服务。

在网络营销中，对于物质产品来说，附加利益层要注意提供满意的售后服务；对于无形产品，如音乐、软件等，由于可以通过网络渠道直接进行配送，其附加利益的重点是质量保证和技术保证以及一些优惠政策，如现在很多软件商许诺用户可以享受免费的软件升级服务，可以以优惠的价格购买同一公司的软件或产品等。

4. 潜在利益层

网络营销整体产品中，潜在利益层是指在核心利益、个性化利益、附加利益之外，能满足消费者潜在需求，但尚未被消费者意识到或已经被意识到而尚未被消费者重视或消费者不敢奢望的一些产品利益。

在高新技术发展日益迅猛的时代，产品的许多潜在利益层还没有被顾客充分认识到，这就需要企业通过消费教育和消费引导活动，使消费者发现或认识到产品的潜在利益层。例如，联想推出天禧系列电脑时，在提供电脑原有的一切服务之外，还提供了直接上网的便捷服务。

5. 产品形式层

网络营销整体产品中，产品形式层是指产品的核心利益、个性化利益和潜在利益借以存在并传递给消费者的具体形式。实物产品主要由产品的质量水平、材质、式样、品牌、包装等因素构成，服务产品则由服务的程序、服务人员、地点、时间、品牌等构成。

在现代信息技术的支持下，网络所能够提供的实际产品是异常丰富的。对于知识和信息类产品，如软件产品，其产品形式表现为：当它存储在实体中时，其实际产品形式是光盘；当它存储在网络里时，其实际产品形式是比特流。对于那些购买前客户不能体验的产品而言，营销者可以通过网络广告或包装宣传来提供有价值的信息担保，对于在网络上提供的这些信息产品而言，产品的视觉表达和描述就等于产品的包装。目前，旅游咨询、心理咨询、法律咨询和医疗咨询等在线服务发展势头迅猛，正是基于网络信息服务强大的资源优势和提供更多附加价值的优势。

网络营销就是通过满足消费者对不同产品层次的需要而获得企业利润。网络营销产品整体概念的五个层次，充分而清晰地体现了以消费者为中心的现代营销观念。可以说，产品整体概念是建立在“需求 = 产品”这个等式的基础上的。

二、网络营销产品的特点

从网络产品的消费者导向出发，产品是否适合在网络上销售，可以简单地归结为顾客愿不愿意在网络这个特殊的市场上做出购买决策。根据网上消费者的目标市场和消费者的购买决策行为过程，可以得出目前适合在互联网上销售的产品通常具有以下特性。

（一）产品的可信息化程度

从消费者决策过程中可以发现，收集信息对消费者决策具有关键的影响作用，它是一切决策过程的开始，而展示信息则是消费者收集信息的来源。因此，资讯丰富并易于数字化传播的产品比较适合网络营销。企业在网络上向顾客提供的产品都是以纯信息形式出现的，是信息化后的有形产品、服务产品以及纯信息产品。这些信息化以后的产品如果能够向网络顾客提供足够多的信息量，就能够吸引顾客购买，否则，就难以使顾客发生购买行为。因此，产品能否被信息化成了其是否适合在网络上销售的关键。

一般来说，技术含量越高、使用人工材料越多的产品，它们的可信息化程度越高，而艺术含量越高、使用天然材料越多以及很少使用视听来认识的产品，它们的可信息化程度越低。例如，图书是一种非常适合于网络营销的产品，之所以能够成为网上热销产品，是因为它具有很高的可信息化程度。图书本身就是传播信息的产品，稍微有选择地抽出一些内容组合起来就可以很好地把它的产品特性、质量等描述出来。因此，购书者可以在任何时候上网查阅新书目，不仅可以迅速捕捉到最新的出版信息，而且可以阅读到书中详细的目录，甚至是章节的片段。同时，网上书店所提供的关键词、作者、书名的查询，也大大方便了顾客，节约了顾客大量的时间。

（二）产品的标准化程度

传统的消费者习惯于从与产品的直接接触中收集信息，或者因产品特性不同而只能通过与产品的直接接触收集信息。譬如，专业人员可以通过食品油的物质组成比例了解它的质量、颜色甚至气味，而普通消费者只能通过嗅觉才能达到了解的目的。另外，有些产品只能通过直接接触才能真正认知其价值，如珠宝。因此，不能通过真实的触觉、嗅觉而展现的网络营销产品，最好是能够通过一系列的标准化数据来展示，以便于消费者比较。例如，可以通过一系列标准化的性能指标直接表述的电子产品，如笔记本电脑、手机等，就比较容易通过网络销售。

（三）产品的品牌知名度

在网络营销中，一方面，要在网络浩如烟海的信息中取得浏览者的注意，必须拥有明确、醒目的品牌；另一方面，由于网上购买者面对很多选择，并且无法直接感知产品特性和进行购物体验，因此，购买者对品牌比较关注。因而具有品牌知名度的产品更易获得消费者的认可，因为名牌产品、名牌企业的产品或知名网站经销的产品，已经被众多消费者的购物实践证明货真价实、质量可靠，消费者在购物过程中不必再花费太多的精力和时间去比较选择，如海尔系列产品、TCL 产品的网络营销都比较成功。但据调查，传统优势品牌在网上不一定占有优势，如可口可乐公司的网站就不是很吸引网民。所以，在网络营销中的产品品牌知名度来自网络市场，要和传统市场区分开来。

（四）产品的购买风险

由于许多人对昂贵产品的安全问题十分敏感，所以人们更愿意用传统的方式来购买金银首饰等贵重物品。而图书、音像制品、家用电子产品、礼品玩具、计算机硬件等则易于通过网络营销来开展业务。因为这类产品本身不贵重，而且有较长的保质期，邮寄过程中也不容易出现破碎或损耗，对于消费者来说，通过网络来购买这些产品，风险不大；对于厂商来说，这些产品是发展网络营销的首选种类。

（五）产品的网络目标市场定位

消费者愿意接受网络营销的产品首先要借助网络这个工具，如果需求对象根本不上网，那么这个产品是不适宜在网络上销售的。那些拥有较多的上网人数的目标消费顾客群，符合时尚、个性化较强的产品，则比较适合网上销售，如手机、小饰品等时尚产品受到以年轻人为主要构成的网络消费群体的青睐。同时，由于网上用户在初期对技术有一定要求，因此与技术或电脑、网络有关的产品，比较容易定位其用户族群，这些产品容易引起网上用户的认同和关注。目前在网上销售最多的企业是信息技术类企业，如美国的英特尔公司、思科公司和戴尔公司。

（六）产品的市场可到达性

网上市场是以网络用户为主要目标的市场，适合在网上销售或能发挥网络营销优势的产品一般是那些覆盖较大市场范围的且市场容量比较大的产品。如果产品的目标市场比较狭窄，虽然也能实施网络营销，但营销效果不佳，不能充分发挥出网络营销的优势。但是，如果网络目标市场覆盖范围很广，市场容量很大，但网络营销的可到达性很差，或者物流配送体系跟不上，又或者网络营销信息到达率很低，也不适合网络营销的开展，或者至少在一定时间内不能开展。

（七）产品对传统市场的扩展

一些补缺产品以及现实空间难以实现的产品，适合进行网络营销，这类产品在网络空间的信息具有质量优势。这些产品主要是借助互联网的便捷性而出现的服务产品，如远程医疗服务，在网络上销售具有更大的可行性。如联邦快递公司（http：//www.fedex.com）提供的快递服务，通过整理业务流程，使其完全符合在网络运作的要求，从而能够为顾客提供诸如跟踪邮包等网上服务，为其赢得了更好的声誉。

另外一些需求量小、顾客地理分布很散的产品，由于受地理位置的限制，很难保证其销量和客源，但是若将其放到网络的大市场中，所有联网的用户都可能是潜在客户。一般而言，替代性不大、具有较强垄断性的产品，或者那些不太容易在网下设店经营的特殊品，或者传统市场不愿经营的小商品，比较容易在网上销售。也就是说，利用网络优势而实现对传统市场扩展的产品适合于网上销售。

三、网络营销新产品的开发策略

与传统新产品开发一样，网络营销新产品开发策略也有下面几种类型，但策略制订的环境和操作方法不一样，下面分别予以分析。

（一）新问世的产品

新问世的产品即开创了一个全新市场的产品。这种策略主要由创新公司采用。网络时代使得市场需求发生了根本性的变化，消费者的需求和消费心理也发生了重大变化，因此，如果企业有很好的产品构思和服务概念，即使没有资金也可以获得成功，因为许多风险投资者愿意将资金投入互联网市场。

（二）新产品线

新产品线即公司首次进入现有市场的新产品。互联网技术的扩散速度非常快，利用互联网迅速模仿和研制开发出已有产品是一条捷径，这种策略只能作为一种对抗性的防御策略。

（三）现有产品线外新增加的产品

现有产品线外新增加的产品即补充公司现有产品线的新产品。由于市场不断细分，市场需求差异性增大，这种新产品策略是比较有效的策略。

（四）现有产品的改良品或更新

在网络营销市场中，消费者可以在很大范围内挑选商品，具有很大的选择权。企业在消费者需求层次日益提高的推动下，必须不断改进现有产品，进行升级换代，否则很容易被市场抛弃。目前，产品的信息化、智能化和网络化是必须考虑的，如电视机的数字化和上网功能。

（五）降低成本的产品

网络时代的消费者虽然注重个性化需求，但消费者的消费意识更趋于理性化，更强调产品带来的价值，同时包括所花费的代价。在网络营销中，产品的价格总体呈下降趋势，因此提供相同功能而成本更低的产品更能满足日益成熟的市场需求。

（六）重新定位的产品

在全球的广大市场上，企业重新定位产品，可以取得更多的市场机会。例如，国内的中档家电产品通过互联网进入国际其他地区开拓市场后，可以将产品重新定位为高档产品。在企业网络营销产品策略中究竟应采取哪种具体的新产品开发方式，需要根据企业的实际情况来决定。

第二节 网络产品的定价

网络营销产品定价是指给网上营销的产品和服务制定价格的过程。网络营销价格是指企业在网络营销过程中买卖双方成交的价格。网络营销价格的形成过程较为复杂，受到诸多因素的影响和制约，如传统营销因素和网络自身对价格的影响因素。

一、网络营销定价应考虑的因素

影响企业定价的因素是多方面的，如企业的定价目标、企业的生产效率、国家的政策法规、消费者的接受能力、竞争对手的定价水平、供求关系以及供求双方的议价能力等都是影响企业定价的重要因素。市场营销理论认为，产品价格的上限取决于产品的市场需求水平，产品价格的下限取决于产品的成本费用。在最高价格和最低价格的范围内，企业如何对产品定价，则取决于竞争对手同种产品的价格水平、买卖双方的议价能力等因素。可见，市场需求、成本费用、竞争对手产品的价格、交易方式等因素对企业定价都有着重要的影响。

（一）需求因素

从需求方面来看，市场需求规模以及消费者的消费心理、感受价值、收入水平、对价格的敏感程度、议价能力等都是影响企业定价的主要因素。

（二）供给因素

从供给方面来看，企业产品的生产成本、营销费用是影响企业定价的主要因素。成本是产品价格的最低界限，产品的价格必须能补偿产品生产、分销、促销过程中发生的所有支出，并且要有所盈利。对企业定价产生影响的成本费用主要有总固定成本、总变动成本、总成本、单位产品固定成本、单位产品变动成本、单位产品总成本等因素。

（三）供求关系

一般而言，当企业的产品在市场上处于供小于求的卖方市场条件时，企业产品可以实行高价策略；当企业的产品在市场上处于供大于求的买方市场时，企业应该实行低价策略；当企业的产品在市场上处于供给等于需求的均衡市场时，交易价格的形成基本处于均衡价格处。因此，企业的定价不能过度偏离均衡价格。

（四）竞争因素

竞争因素对价格的影响，主要考虑商品的供求关系及其变化趋势，竞争对手的定价目标、定价策略以及变化趋势。在营销实践中，以竞争对手为导向的定价方法主要有三种：一是低于竞争对手的价格；二是随行就市与竞争对手同价；三是高于竞争对手的价格。因此，定价过程中，企业应进行充分的市场调研以改变对自己不利的信息劣势，对待竞争者则应树立一种既合作又竞争且共同发展的竞争观念，以谋求一种双赢结局。

二、网络营销定价特点

开放快捷的互联网使企业、消费者和中间商对产品的价格信息都有了比较充分的了解，因此网络营销定价与传统营销定价有很大的不同。网络营销定价的特点如下。

（一）全球性

网络营销市场面对的是开放的和全球化的市场，用户可以在世界各地直接通过网站进行购买，而不用考虑网站是属于哪一个国家或者地区的。这种目标市场从过去受地理位置限制的局部市场，一下子拓展到范围广泛的全球性市场，使得网络营销产品定价时必须考虑目标市场范围的变化给定价带来的影响。如果产品的来源地和销售目的地与传统市场渠道类似，则可以采用原来的定价方法；如果产品的来源地和销售目的地与原来的传统市场渠道差距非常大，定价时就必须考虑这种地理位置差异带来的影响。例如，亚马逊的网上商店的产品来自美国，如果购买者也是美国消费者，那产品定价可以按照原定价方法进行折扣定价，定价也比较简单；如果购买者是中国或者其他国家的消费者，那采用针对美国本土的定价方法就很难面对全球化的市场，影响了网络市场全球性作用的发挥。为解决这些问题，可采用本地化方法，在不同市场的国家建立地区性网站，以适应地区市场消费者需求的变化。因此，虽然企业面对的是全球性网上市场，但企业不能以统一市场策略来面对这差异性极大的全球性市场，而必须采用全球化和本地化相结合的原则进行。

（二）低价位定价

互联网是从科学研究应用发展而来的，因此互联网使用者的主导观念是网上的信息产品是免费的、开放的、自由的。在早期互联网开展商业应用时，许多网站采用收费方式想直接从互联网上盈利，结果被证明是失败的。雅虎公司的成功是通过为网上用户提供免费的检索站点起步，逐步拓展为门户站点，到现在拓展到电子商务领域，它一步一步获得成功的主要原因是遵循了互联网的免费原则和间接收益原则。

（三）顾客主导定价

所谓顾客主导定价，是指为满足顾客的需求，顾客通过充分的市场信息来选择购买或者定制生产自己满意的产品或服务，同时以最小的代价（产品价格、购买费用等）获得这些产品或服务。简单地说，就是顾客的价值最大化，顾客以最小的成本获得最大的收益。因此，顾客主导定价是一种双赢的发展策略，既能更好地满足顾客的需求，同时企业的收益又不受影响，而且可以对目标市场了解得更充分，从而使企业的经营生产和产品研制开发更加符合市场竞争的需要。

三、网络营销定价策略

价格高低直接影响企业的利润，关系着产品和服务的销售业绩。定价决策在实现企业整体目标的过程中具有战略地位，价格政策必须要能够配合市场整个营销组合策略，以更好地实现企业的战略目标。

（一）低价渗透性定价策略

低价渗透性定价策略是以一个较低的产品价格打入市场，目的是在短期内加速市场成长，牺牲高毛利以期获得较高的销售量及市场占有率，进而产生显著的成本经济效益，使成本和价格得以不断降低。在网络营销中，产品借助互联网进行销售，比传统销售渠道的费用低廉，因此一般来说网上销售价格比传统的市场价格要低。

具体来说，低价渗透性定价策略分为以下三种。

1. 直接低价策略

直接低价策略就是在公布产品价格时就比同类产品定的价格要低。它一般是制造商在网上进行直销时采用的定价方式，如戴尔公司的电脑定价比同性能的其他公司的产品低10% ~15%。采用低价策略的前提是开展网络营销，实施电子商务，这样才能为企业节省大量的成本费用。

2. 折扣低价策略

折扣低价策略是指企业发布的产品价格是网上销售、网下销售通行的统一价格，而对于网上用户又在原价的基础上标明一定的折扣来定价的策略。这种定价方式可以让顾客直接了解产品的降价幅度，明确网上购物获得的实惠，以吸引并促进用户的购买。这类价格策略常用在一些网上商店的营销活动中，它一般按照市面上流行的价格进行折扣定价。例如，亚马逊网站销售的图书一般都有价格折扣。价格折扣又可分为现金折扣、数量折扣、功能折扣、季节折扣、推广津贴等。为鼓励消费者多购买本企业商品，可采用数量折扣策略；为鼓励消费者按期或提前付款，可采用现金折扣策略；

为鼓励中间商淡季进货或消费者淡季购买，可采用季节折扣策略等。

3. 促销低价策略

企业虽然以通行的市场价格将商品销售给用户，但为了达到促销的目的还要通过某些方式给用户一定的实惠，以变相降低销售价格。如果企业为了达到迅速拓展网上市场的目的，但产品价格又不具有明显的竞争优势，又由于某种考虑不能直接降价时则可以考虑采用网上促销定价策略。比较常用的促销定价策略是有奖销售和附带赠品销售等策略。

（二）个性化定制生产定价策略

个性化定制生产定价策略是利用网络互动性的特征，根据消费者的具体要求，来确定商品价格的一种策略。网络的互动性使个性化营销成为可能，也使个性化定价策略有可能成为网络营销价格策略的一个重要策略。

1. 定制生产内涵

作为个性化服务的重要组成部分，按照顾客需求进行定制生产是网络时代满足顾客个性化需求的基本形式。定制化生产根据顾客对象可以分为两类。一类是面对工业组织市场的定制生产。另一类是面对消费者市场的定制生产。

2. 定制定价策略

定制定价策略是在企业能实行定制生产的基础上，利用网络技术和辅助设计软件，帮助消费者选择配置或者自行设计能满足自己需求的个性化产品，同时承担自己愿意付出的价格成本。

3. 使用定价策略

所谓使用定价，就是顾客通过互联网注册后可以直接使用某公司的产品，顾客只需要根据使用次数进行付费，而不需要将产品完全购买。传统交易关系中，产品买卖是完全产权式的，顾客购买产品后即拥有对产品的完全产权。但随着经济的发展和人民生活水平的提高，人们对产品的需求越来越多，而且产品的使用周期也越来越短，许多产品购买后使用几次就不再使用了，非常浪费，因此制约了许多顾客对这些产品的需求。为改变这种情况，消费者可以在网上采用类似租赁的按使用次数定价的方式。这一方面减少了企业为完全出售产品而进行的不必要的、大量的生产和包装浪费，同时还可以吸引那些有顾虑的顾客使用产品，扩大市场份额。顾客每次只是根据使用次数付款，节省了购买产品、安装产品、处置产品的麻烦，还可以节省其他不必要的开销。如淘宝卖家使用的软件很多就是基于使用定价的。采用按使用次数定价，一般要考虑产品是否适合通过互联网传输，是否可以实现远程调用。目前，比较适合的产品有软件、音乐、电影等产品。

4. 拍卖定价策略

网上拍卖是目前发展较快的领域，是一种最市场化、最合理的方式。经济学家认为，市场要想形成最合理价格，拍卖竞价是最合理的方式。随着互联网市场的拓展，将有越来越多的产品通过互联网拍卖竞价。由于目前购买群体主要集中在消费者市场，个体消费者是目前拍卖市场的主体，因此，这种网络营销价格策略并不是目前企业首要选择的定价方法，因为它可能会破坏企业原有的网络营销渠道和价格策略。比较适合网上拍卖竞价的是企业原有的一些积压产品，也可以是企业的一些新产品，通过拍卖展示起到促销作用。目前国外比较有名的拍卖站点是 http：//www. ebay. com，它允许商品公开在网上拍卖，拍卖竞价者只需在网上登记即可，拍卖方将拍卖品的相关信息提交给 eBay 公司，经公司审查合格后即可上网拍卖。根据供需关系，网上拍卖竞价方式有下面几种。

（1）竞价拍卖：最大量的是 C2C 的交易，包括二手货、收藏品，也可以是普通商品以拍卖方式出售。例如，惠普公司将一些库存积压产品放到网上拍卖。

（2）竞价拍买：是竞价拍卖的反向过程，消费者提出一个价格范围，求购某一商品，由商家出价，出价可以是公开的或隐蔽的，消费者与出价最低或最接近出价范围的商家成交。

（3）集体议价：在互联网出现以前，这种方式在国外主要是多个零售商结合起来，向批发商（或生产商）以数量换价格的方式。互联网的出现，使得普通消费者能够使用这种方式购买商品。

5. 声誉定价策略

声誉定价是指对一些名牌产品，企业往往利用消费者仰慕名牌的心理而制定大于其他同类产品的价格。例如，国际著名的欧米伽手表，在我国市场上的销价从一万元到几十万元不等。消费者在购买这些名牌产品时，特别关注其品牌，因为其极高的标价让消费者获得极大的心理满足。

在网络营销价格策略的发展初期，消费者对网上购物和订货还有着很多疑虑，例如网上所订商品的质量能否保证、货物能否及时送到等。所以，对于声誉较好的企业来说，在进行网络营销价格策略时，价格可定得高一些，反之，价格则定得低一些。产品的质量与企业的形象最终都凝结在品牌上，以品牌的形象表现出来。价格是品牌价值的有形象征，知名品牌产品的附加价值较高，在网络营销中，适当利用声誉提升产品的定价，既能吸引顾客又能为企业增加利润。

6. 差别定价策略

所谓差别定价，就是企业按照两种或两种以上不反映成本费用比例差异的价格销售某种产品或劳务。差别定价已经成为现代营销定价策略中的一种非常普遍的定价方法。实施差别定价可以使企业占有消费者剩余，并把它转化为自己的利润。不同的消费者在购买商品时，由于各自的需求欲望有强有弱，各自的支付能力有大有小，以及其他的一些因素上也可能存在着差异，因而他们愿意支付的最高价格就会存在差异。根据消费者不同制定不同的价格，就可以在不同类别的顾客身上分别实现收益的最大化。因此，实施差别定价可以比统一定价获得更多的利润。网络营销由于网络的互动性使企业更易获得有关消费者的信息，并据此制定不同的价格，也就是说网络营销比传统营销更具有实施差别定价的条件。

网络营销实施差别定价可以获得更大的利润，但是如果不具备一些基本条件，网络营销也无从实施差别定价。网络营销实施差别定价的条件如下。

（1）网络营销进入的市场必须是可以细分的，而且各个细分市场须表现出不同的需求程度，即需求的价格弹性不同。对价格弹性小的顾客制定较高的价格，对价格弹性大的顾客制定较低的价格。细分的手段是多种多样的，可通过地理区域以及消费者的职业、收入等进行细分。

（2）以较低价格购买某种产品的顾客，没有可能以较高价格把这种产品转售给别人。转售是消费者的一种套利交易形式，如果购买者之间可以转售产品，即便是一个拥有完全信息的厂商也不能对消费者实施差别定价。

（3）当网络营销者采取差别定价的策略销售产品时，竞争者没有可能在这个市场上以低价竞销。如果竞争者可以以较低的价格在这个市场上竞争，那么顾客都会转向竞争者。

（4）网络营销实施差别定价时，细分市场和控制市场的费用不得超过因实行差别定价所得的额外收入。

（5）网络营销实施差别定价不会引起顾客的反感和敌意。否则顾客有可能放弃购买，从而造成顾客流失、影响销售。

（6）网络营销采取的差别定价方法不能违背《中华人民共和国价格法》。

7. 免费价格策略

免费概念是互联网最深入人心的竞争策略，许多企业都借助互联网具备的这一特殊策略获得了巨大成功。目前，企业在网络营销中采用免费策略的目的，一方面是使消费者在免费使用形成习惯或偏好后，再开始逐步过渡到收费阶段；另一方面是想发掘后续商业价值，它是从战略发展的需要来制定定价策略的，主要目的是先占领市场，然后在市场上获取收益。

（1）免费价格策略的内涵。

免费价格策略就是将企业的产品和服务以零价格的形式提供给顾客使用，满足顾客的需求。免费价格策略是目前网络营销中常用的一种营销策略，主要用于促销和推广产品。这种策略一般是短期的和临时性的。在网络营销实践中，免费价格策略不仅仅是一种促销策略，它还是一种有效的产品和服务定价策略。

（2）免费价格策略的形式。

免费价格策略主要有以下几种形式。一是完全免费，即产品（或服务）在购买、使用和售后服务等所有环节都实行免费服务。例如《人民日报》的电子版在网上可以免费使用，美国在线公司在成立之初，在商业展览会场、杂志封面、广告邮件甚至飞机上，都提供免费的美国在线软件，连续五年后，吸收到100万名用户。二是限制免费，即产品（或服务）可以被有限次使用，超过一定期限或者次数后，取消这种免费服务。例如，金山软件公司免费赠送可以使用99次的WPS2000软件，使用次数完结后，消费者需要付款申请方可继续使用。三是部分免费，指对产品整体的某一部分或服务全过程的某一环节的消费享受免费。例如，一些著名研究公司的网站公布的部分研究成果是免费的，如果要获取全部研究成果则必须付款；在线视频网站会免费播放一些电影或VCD片断，而要想观看全部内容，则需要付费。四是捆绑式免费，即在购买某产品（或服务）时可以享受免费赠送其他产品和服务的待遇。例如，国内的一些ISP为了吸引接入用户，推出了上网免费送PC的市场活动。实际上，从另一面来看，这种商业模式就相当于分期付款买PC附赠上网账号的传统营销模式。

（3）免费产品的特性。

网络营销中产品实行免费策略是要受到一定环境制约的，并不是所有的产品都适合免费策略。互联网作为全球性开放网络，可以快速实现全球信息交换，只有那些适合互联网这一特性的产品才适合采用免费价格策略。一般来说，免费产品具有如下特性。

①易于数字化。互联网是信息交换平台，它的基础是数字传输。对于易于数字化的产品都可以通过互联网实现零成本的配送，这与传统产品需要通过交通运输网络花费巨额资金实现实物配送有着巨大区别。例如，思科公司将产品升级的一些软件放到网站上，公司客户可以随意下载免费使用，从而大大减少了原来免费升级服务的费用。

②无形化。通常采用免费策略的大多是一些无形产品，它们只有通过一定载体表现出定形态，如软件、信息服务（如报纸、杂志、电台、电视台等媒体）、音乐制品、图书等。这些无形产品可以通过数字化技术实现网上传输。

③零制造成本。这里所说的零制造成本主要是指产品开发成功后，只需通过简单

复制就可以实现无限制的产品生产。这与传统实物产品的生产受制于厂房、设备、原材料等因素有着巨大区别。上面介绍的软件等无形产品都易于数字化，也可以通过软件和网络技术实现无限制自动复制生产。对这些产品实行免费策略，企业只需投入研制费用即可，至于产品生产、推广和销售则完全可以通过互联网实现零成本运作。

④成长性。采用免费策略的目的一般都是利用高成长性的产品推动企业占领较大的市场，为未来市场发展打下坚实基础。例如，微软为抢占日益重要的浏览器市场，采用免费策略发放其浏览器探险者 IE，用以对抗先行一步的网景公司的航海者 Navigator，结果在短短两年之内，网景公司的浏览器市场就丢失半壁江山，最后只有被并购以求发展。

⑤冲击性。采用免费策略的产品主要目的是推动市场成长，开辟新的市场领地，同时对原有市场产生巨大的冲击，否则免费价格的产品很难形成市场规模并在未来获得发展机遇。例如，3721 网站为推广其中文网址域名标准，以适应中国人对英文域名的不习惯，采用免费下载和免费在品牌电脑预装策略，在 1999 年短短的半年时间内迅速占领市场成为市场标准，对过去被国外控制的域名管理产生巨大冲击和影响。

⑥间接收益。企业在市场运作中，虽然可以利用互联网实现低成本的扩张，但免费的产品还是需要不断地开发和研制，需要投入大量的资金和人力。因此，采用免费价格的产品（或服务）一般具有间接收益的特点，即它可帮助企业通过其他渠道获取收益。例如，雅虎公司通过免费搜索引擎服务和信息服务吸引用户的注意力，这种注意力形成了雅虎的网上媒体特性，雅虎可以通过发布网络广告增加间接收益。这种收益方式也是目前大多数 ICP 的主要商业运作模式。

第三节 网络分销渠道

一、网络分销渠道概述

分销渠道是以最具成本效益的方式将产品从生产者传递至最终用户所经过的、由各种中间机构连接所组成的渠道系统，也即公司内部营销部门和外部的各种中间商构成的销售网络，是使产品或服务能被使用或消费而配合起来的一系列独立组织的集合。网络分销渠道是指在电子商务环境下，企业利用互联网技术和方法将产品从产品生产者传递至最终用户所经过的各种网络分销商的结合。

（一）网络分销渠道的功能

不论是传统的还是网络的分销渠道，其主要功能都是把产品从生产者转移到使用者，克服产品及服务的生产与使用在时间、地点和所有权方面的不一致。为了完成这一使命，渠道所承担的并不仅仅是交易职能，它还承担着许多其他重要的功能。

1. 传统分销渠道的一般功能

分销渠道以转移产品为主要职能，同时具有产品或服务所有权的转移、信息沟通、谈判、融资、分担风险、付款、实体服务等功能，分销渠道功能简单介绍如下：

（1）信息沟通。分销系统最接近顾客，因此它们可以获得并传递有关潜在的和现实的顾客、竞争者及其他参与者的信息，同时把有说服力的产品沟通信息传递给顾客。因此，分销渠道传递的不仅仅是产品或服务，还包括各种有用的营销信息。

（2）融资。生产商和各层次中间商互相提供资金方面的支持，以及有业务往来的各公司之间相互提供资金支持，有助于降低资金使用成本，提高资金的使用效率，形成双赢的局面。

（3）谈判。就产品的价格和其他条件与顾客进行谈判，以达成一致，实现所有权的转移。

（4）风险分担。分销渠道承担其经营内的风险，可以分担一部分生产商的风险，当然也会分享一定的收益。

（5）实体服务。产品从生产者到使用者的转移，需要一系列的运输、储存，甚至加工服务，这些服务往往由分销渠道承担，并且会比生产商亲自处理更有效。

2. 网络分销渠道的功能

由于基础设施和消费者购买行为的变化，传统分销渠道对环境变化做出了积极反应，新的基于互联网的网络分销渠道不同于传统分销渠道，在功能上也出现了一些新的变化，这主要体现在信息中介、交易中介、直接交易、交易服务组织、技术支持等方面。

（1）信息中介服务，即收集、发布各类交易信息，评估网站和不同品牌的同种产品等。虽然生产商和消费者可以通过网络工具获得大量信息，但这些信息必须经过分析、归类才能变成有价值的信息，否则反而会增加交易双方的负担。在有海量信息的互联网中，信息中介服务能很好地满足买卖双方对有效信息的市场需求。

（2）交易中介功能，即通过构建专业化网络平台，形成一个虚拟市场，给生产商和消费者提供交易的场所。受安全、经济、交易习惯等影响，生产商和消费者希望网络空间中也能有一个被大家认同的类似于传统交易场所的虚拟市场，网络分销商独立于生产商和消费者之外提供这种服务。

（3）直接交易功能，是传统模式下分销交易功能在网络交易中的延伸，分销商作为交易活动的直接参与者进行商品交易的功能。尽管电子商务方便地实现了直销模式，但通过网络分销渠道进行的间接交易在很多行业仍占据着一定的份额。

（4）交易服务组织功能，即在电子商务过程中为买卖双方提供一系列配套的金融、保险、物流及法律等服务。由专业化的分销商提供配套服务可以很好地实现服务的规模效应和经济效益，从而提高企业的整体竞争优势，交易服务已经成为整个交易活动的重要竞争领域。

（5）技术支持功能，互联网的快捷、方便和互动等特性加强了网络分销渠道与消费者、供应商的交流沟通，提高了其技术支持的能力。通过网络提供在线技术支持将成为网络渠道未来增值服务的一个重要领域。

（二）网络渠道与传统渠道的比较

由于网络技术的广泛应用，网络分销渠道与传统分销渠道在许多方面都有所不同，下面从渠道的作用、结构和费用等方面对两者进行比较。

1. 作用比较

菲利普·科特勒认为分销渠道是指使产品或服务能被使用或消费而配合起来的一系列独立组织的集合。在传统营销渠道中除了生产者和消费者，通常还有许多独立的中间商存在。在许多情况下，商品或服务都不能直接由生产者销售给消费者，而是必须通过中间商才能实现所有权的转移。传统营销渠道在实现商品所有权转移的同时也实现了商品实体的转移，并完成了结算和配送的功能，解决了商品产需时间、地点不一致的矛盾。在网络化的情况下，产品的生产者可以更多地直接面对最终用户，与传统渠道相比，网络渠道的作用有了很大变化。

第一，网络渠道提供了双向的信息传播模式，使生产者和消费者的沟通更加方便畅通。

第二，网络渠道是企业销售产品、提供服务的快捷途径，它使商品所有权转移的作用进一步加强。

第三，企业既可以通过网络渠道开展商务活动，也可以对用户进行技术培训和售后服务。

另外，网络渠道虽然为企业进行业务洽谈提供了场所，但由于虚拟网络自身存在的不安全因素和网络技术等原因，通过网络的业务谈判在其可操作性、可信度、成功的概率等方面都不如传统的面对面的谈判，尤其是在复杂购买的情况下，网络渠道明显地处于劣势。

2. 结构比较

传统营销渠道按照有无中间环节可分为直接分销渠道和间接分销渠道。另外，根据中间商数量的多少，又可以把营销渠道分为若干个级别。直接分销渠道没有中间商，可称为零级渠道。间接分销渠道则根据其包含的中间环节的个数分为一级、二级、三级，甚至多级渠道。在传统营销中直接分销渠道更多地适用于产业市场分销，如大批量的原材料和零部件都通过直接分销渠道抵达用户。间接分销渠道在消费者市场分销中占主导地位，这主要是由消费者购买的特点决定的。网络营销渠道根据是否利用中间商也可分为直接分销渠道和间接分销渠道。但互联网高效率的信息交换，改变了过去传统营销渠道的错综复杂的关系，简化了渠道的结构。对于直接营销渠道，无论是在网络营销还是传统营销中都没有中间商存在，同属零级渠道，在这点上两者不存在太大的区别，而对于间接分销渠道而言，基于互联网的网络营销渠道与传统营销渠道有着很大的不同，传统间接渠道可能有多个中间环节（代理商、批发商、零售商），而网络间接渠道通常只需要一个中间环节，即只有一个产品交易中心（商务中心）来沟通买卖双方的信息，也就是说，网络间接分销渠道只有一级分销渠道，不存在多级渠道，而且随着网络营销的发展，网络间接渠道将会减少，直接渠道的比重会逐渐增大。

3. 费用比较

无论是直接分销渠道还是间接分销渠道，网络分销渠道的结构都相对比较简单，从而大大减少了流通环节，降低了交易费用，缩短了销售周期，提高了营销活动的效率。企业在利用传统的直接分销渠道即直销方式销售商品时，通常会采用无店铺直销和有店铺直销两种方法。

与传统渠道相比，网络渠道由于运用了功能强大的互联网，首先可以有效地减少人员、场地等费用。通过网络的直接分销渠道销售产品，网络管理员可以代替大量的推销人员，直接从互联网上接受来自世界各地的订单，然后直接把产品发送给购买者。在这个过程中，企业只需支付网络管理员的工资和便宜的上网费，可以省去大量的场地费和推销人员的差旅费等。网络间接分销渠道由于只包含一级分销商，则完全克服了传统间接渠道过长的缺点。网络商品交易中心通过互联网强大的信息传递功能，完全承担了信息中介机构的作用，并将中介机构的数目减少到一个，同时利用各地的分支机构或其他物流配送系统完成了批发商和零售商的作用，从而降低了商品的交易流通成本。

其次，互联网的双向信息传播功能，也为企业发布信息，开展促销活动提供了更加方便的渠道，从而减少了广告宣传费用。有研究表明，如果使用互联网作为广告媒体进行网上促销活动，其结果是在增加 10 倍销售量的同时，只花费传统广告预算的 1/10。该项研究还表明，一般来说，采用网上促销的成本只相当于直接邮寄广告花费的 1/10。另一项研究结果显示，利用互联网发布广告的平均费用只是传统媒体的 3%。因此融入了互联网的销售模式是对传统模式的一次根本性的变革。

二、网络分销渠道分类

在传统营销渠道中，中间商占有非常重要的地位。因为利用中间商能够在广泛提供产品和进入目标市场方面获得最高的效率。中间商凭借其业务往来关系、经验、专业化和规模经营，提供给公司的利润通常高于企业自营商店的利润。但互联网的发展和应用，使得传统中间商凭借地域因素获得的优势被互联网的虚拟性所取代，从而出现了网络环境下新的分销渠道。按照不同的标准，可进行不同的网络分销渠道分类，具体的分类标准及类型如下所述。

（一）网络直接销售

网络直接销售是指生产者通过互联网直接把产品销售给顾客的分销渠道，一般适用于大宗商品交易和产业市场的 B2B 的交易模式。在网络直销渠道中，生产企业可以通过建立企业电子商务网站，让顾客直接从网站订货，再通过与一些电子商务服务机构如网上银行合作，直接在网上实现支付结算，简化了过去资金流转的问题。在配送方面，对数字产品可以选择利用互联网技术直接向用户传输产品，对非数字产品，一般可以通过与专业的第三方物流公司合作，建立有效的物流系统。

目前有许多企业都建有自己的网站，进行网络直销。因为网络直销不仅为企业打开了一个面向全球市场的窗口，给中小型企业提供了和大型企业平等竞争的机会，而且它还有许多突出的优点。第一，生产者能够直接接触消费者，获得第一手的资料，开展有效的营销活动。第二，网络直销减少了流通环节，给买卖双方都节约了费用，产生了经济效益。网络直销大大降低了企业的营销成本，使企业获得价格优势。同时，消费者在节约了决策购买的时间的同时又买到了低于现货市场价格的产品。第三，网络直销使企业能够利用网络工具（如电子邮件、公告牌等）直接联系消费者，及时了解用户对产品的需求和意见，从而针对这些要求向顾客提供技术服务，解决难题，提高产品的质量，改善企业的经营管理。

当然网络直销也有其不足的方面。随着互联网的发展，越来越多的企业建立了自己的网站。面对大量参差不齐的域名，消费者很难有耐心一一访问，大部分的网络访问者都是走马观花似的扫一眼。对于那些不知名的中小企业，网站的访问者更是寥寥无几，网站并没有产生预期的效果，因此，互联网确实使企业有可能直接面对所有顾客，但这又仅仅只是一种可能，面对数以亿计的网站，只有那些真正有特色的网站才会有访问者，直接销售可以多一些，但绝不是全部。互联网给企业带来的更为现实的问题是“赢者通吃”。要解决这个问题，一是尽快建立高水准的专门服务于商务活动的网络信息服务中心。但这对于一般的企业来说难度较大，在国外绝大多数的企业都是委托专门的网络信息服务机构，如美国的邓白氏、日本的帝国数据库等发布信息，企业利用有关信息与客户联系，直接销售产品。二是借助网络的间接销售渠道。网络直销的最大特点是提供直接见面的机会，环节少、速度快、费用低。在通过网络渠道进行交易的过程中，交易双方首先会进行交易前的准备活动（如信息发布和信息收集工作），然后通过互联网达成协议，进行在线交易，最后卖方通过物流配送系统将商品转移到买方手中并提供售后服务，完成最终的商品交易。

网络直销过程分为六个步骤。

第一步：消费者进入互联网，查看企业和商家的网页。

第二步：消费者通过购物对话框填写购物信息，包括姓名、地址、所购商品名称、数量、规格、价格。

第三步：消费者支付，如信用卡、电子货币、网上付款等。

第四步：企业或商家的客户服务器确认支付是否认可。

第五步：在确认消费者付款后，客户服务器通知有关部门送货上门。

第六步：网上结算机构如银行负责把收费单传递给消费者。

（二）网络间接销售

网络间接销售是指生产者通过融入了互联网技术后的中间商把产品销售给最终用

户，一般适合小批量商品和生活资料的销售。网络间接销售克服了网络直销的缺点，使网络商品交易中介机构成为网络时代连接买卖双方的枢纽。首先是因为这些专业的网络中介机构知名度高、信誉好，并且可以解决“拿钱不给货”或者“拿货不给钱”的问题，从而降低买卖双方的风险，确保了双方的利益。其次，由于网络中介机构汇集了大量的产品信息，消费者进入一个网站（中介机构）就可以获得不同厂家的同类产品的信息，生产者也只需通过同一个中间环节就可以和消费者产生交易关系，这大大简化了交易过程，加快了交易速度，使生产者和消费者都感到方便。

网络间接销售主要是指通过网络商品交易中介机构销售商品。在这种交易过程中，网络商品交易中心利用先进的通信技术和计算机软件技术，把商品供应方、购买方和银行紧密联系起来，为客户提供市场信息、商品交易、货款结算、物流配送等全方位的服务。网络商品间接交易的流程可分为四个步骤。

第一步：买卖双方在网络商品交易中心发布各自的供求信息，网络商品交易中心为参与者提供大量的交易数据和市场信息；

第二步：买卖双方选择合适的贸易伙伴，并在网络交易中心的撮合下签订合同；

第三步：买方在网络交易中心指定的银行办理付款结算手续；

第四步：网络商品交易中心通过配送中心负责将卖方的商品送交买方。

第四节 网络促销

一、网络促销特点

网络促销是指利用现代化的网络技术向虚拟市场传递有关产品和服务的短期利益，以启发需求，引起消费者的购买欲望和购买行为的各种活动。与传统促销相比，基本手段都是提供各种短期利益，以引起消费者的注意和兴趣，促使消费者认识产品，激发他们的购买欲望，并最终导致购买行为。但由于互联网强大的通信能力和覆盖面积，网络促销在时间和空间、消费群体和消费行为、具体的促销手段上都与传统的促销有一些差别。

（一）时间和空间上

传统的促销活动通常都是针对某个特定的地区市场设计和实施的，甲地的促销活动既可能和乙地的促销活动是类似的，也可能是完全不同的。如在上海采取派发试用品，而在南京则可能是打折，两地顾客不会发生互相攀比的现象。但是网络促销活动则要求在时空上保持相对一致性，否则很可能引发顾客的相互攀比，甚至有意模糊自己的居住所在地。

（二）消费群体和消费行为的变化

在网络环境中，消费者的概念和客户的消费行为都发生了很大的变化。上网购物者是一个特殊的消费群体，具有不同于消费大众的消费需求。这些消费者直接参与生产和商业流通的循环，他们普遍大范围地选择和理性地购买。这要求促销活动的设计者和实施者必须考虑促销所提供的短期利益的连续性。

（三）具体促销手段的变化

传统环境中的许多促销手段是建立在实物流动的基础上的，显然，这些促销手段对网络促销是不适用的。相反，互联网也提供了诸如免费信箱、免费下载、免费参与、积分、抽奖等一系列新的促销手段。

二、网络促销形式

网络促销是指在互联网市场上开展的促销活动，如以价格折扣、有奖销售、拍卖销售等方式来宣传和推广产品，目前主要的形式有以下几种。

（一）网上折扣促销

打折是目前网上最常用的一种促销方式。为促使消费者进行网上购物的尝试并做出购买决定，采用幅度比较大的折扣可以在一定程度上减少网上购物的负面不足之处，吸引消费者眼球，此外网络营销由于销售渠道的减少，可以较低的价格销售产品，因此采用网上商品的价格一般都要比传统方式销售时要低。抽奖促销是网上应用较广泛的促销形式之一：抽奖促销是以一人或数人获得超出参加活动成本的奖品为手段进行商品或服务的促销。网上抽奖活动主要用于调查、产品销售、扩大用户群、庆典、推广某项活动等，消费者或访问者通过填写问卷、注册、购买产品等方式参与。

（二）积分促销

积分促销在网络上的应用比起传统营销方式要更简单和易操作。网上积分活动很容易通过编程和数据库等来实现，并且结果可信度很高，操作起来相对简便。积分促销一般设置价值较高的奖品，消费者通过多次购买或多次参加某项活动来增加积分以获得奖品。

（三）网上联合促销

由不同商家联合开展的促销活动称为联合促销，联合促销的产品或服务可以起到一定的优势互补、互相提升自身价值等效应。如百事可乐与雅虎、搜狐与可口可乐、新浪与乐百氏等合作都是比较成功的网上联合促销活动案例，并提升了彼此的品牌价值。

（四）赞助促销

赞助促销一般可分为栏目赞助（如安踏运动系列赞助搜狐体育频道）、活动赞助等形式。在赞助期间与网站举行促销活动。

（五）竞赛与推广

竞赛与推广是广告主和网站一起举办双方均感兴趣的促销推广活动。如《商务周刊》和《网易商业报道》联合进行的首届中国市场最具领导力 EMBA 评选活动。

（六）游戏促销

游戏促销是指广告主和网站通过游戏的形式来宣传产品或服务的特点与功能，在与消费者的互动游戏过程中达到教育消费者、传达产品和服务特点的目的。

三、网络促销运作

根据国内外网络促销的大量实践，网络促销战略的实施程序由四个方面组成，即确定网络促销对象，设计网络促销组合，选择网络促销预算方案，衡量网络促销效果。

（一）确定网络促销对象

网络促销对象是针对可能在网络虚拟市场上产生购买行为的消费群体提出来的。随着网络的迅速普及，这一群体也在不断膨胀。这一群体主要包括三部分。

1. 产品的使用者

这里指实际使用或消费产品的人。实际的需求构成了这些顾客购买的直接动因。抓住了这一部分消费者，网络销售就有了稳定的市场。

2. 产品购买的决策者

在许多情况下，产品的使用者和购买决策者是一体的，特别是在虚拟市场上更是如此。因为大部分上网人员都有独立的决策能力，也有一定的经济收入。但在另外一些情况下，产品的购买决策者和使用者则是分离的。比如，中小学生在网络上看到富有挑战性的游戏，非常希望购买，但实际的购买决策往往由学生的父母做出。因此，网络促销同样应当把购买决策者放在重要的位置上。

3. 产品购买的影响者

这里指在看法或建议上对最终购买决策可以产生一定影响的人。在低价、易耗日用品的购买决策中，产品购买的影响者的影响力较小，但在高价耐用消费品的购买决策上，产品购买的影响者的影响力较大。这是因为对高价耐用品的购买，购买者往往比较谨慎，希望广泛征求意见后再做决定。这部分人群也不能忽视。

（二）设计网络促销组合

促销组合是一个非常复杂的问题。网络促销活动可以通过采用上述常见的促销方式进行。但由于企业的产品种类不同，销售对象不同，促销方法与产品种类和销售对象之间将会产生多种网络促销的组合方式。企业应当根据网络促销折扣、积分促销、网上联合促销、免费下载、赞助、竞赛和推广等方法的特点和优势，根据自己产品的市场情况、顾客情况，扬长避短，合理组合，以达到最佳促销效果。一般来说，网络广告促销主要实施“推”战略，其主要功能是将企业的产品推向市场，获得广大消费者的认可。网络站点促销主要实施“拉”战略，其主要功能是将顾客牢牢地吸引过来，保持稳定的市场份额。对日用消费品，如化妆品、食品、饮料、图书、消费型电子产品、软件产品等，采用网络促销组合的效果比较好。

（三）选择网络促销预算方案

在网络促销实施过程中，使企业感到最困难的是预算方案的制订。在互联网上促销，对于任何人来说都是一个新问题。所有的价格、条件都需要在实践中不断学习、比较和体会，不断地总结经验，只有这样，才可能做到事半功倍。

首先，必须明确网上促销的方法及组合的办法。选择不同的信息服务商，宣传的价格可能悬殊极大，因此，企业应当认真地比较各站点服务质量和服务价格，从中筛选适合于本企业的、质量与价格匹配的信息服务站点。

其次，需要确定网络促销的目标。是树立企业形象、宣传产品，还是宣传售后服务。围绕这些目标再来策划投入内容的多少，包括文案的数量、图形的多少、色彩的复杂程度，投放时间的长短、频率和密度，促销广告宣传的位置、内容更换的时间间隔以及效果检测的方法等。这些细节确定好了，对整体的资金数额就有了预算的依据，与信息服务商谈判时也就有了一定的把握。

最后，需要明确希望影响的是哪个群体、哪个阶层，是国外的还是国内的。因为在服务对象上，各个站点有较大的差别。有的站点侧重于中青年，有的站点侧重于学术界，有的站点侧重于产品消费者。一般来讲，侧重于学术交流站点的服务费用较低，专门从事新产品推销站点的服务费用较高，而某些综合性的网络站点费用最高。在宣传范围上，单纯使用中文促销的费用较低，使用中英文促销的费用较高。企业促销人员应当熟知自己产品的销售对象和销售范围，根据自己的产品选择适当的促销形式。

（四）衡量网络促销效果

网络促销的实施过程到了这一阶段，必须对已经执行的促销内容进行评价，衡量一下促销的实际效果是否达到了预期的促销目标。对促销效果的评价主要依赖于两个方面的数据。一方面，要充分利用互联网上的统计软件，及时对促销活动的好坏做出统计。这些数据包括主页访问人次、点击次数等。另一方面，销售量的增加情况、利润的变化情况、促销成本的降低情况，有助于判断促销决策是否正确。同时，还应注意对促销对象、促销内容、促销组合等方面与促销目标的因果关系的分析，从中对整个促销工作做出正确的判断。

本章小结

网络营销策略是企业通过网络对营销活动进行管理的过程。制定网络营销策略的实质，即综合运用各种可控的市场营销因素以创造并满足顾客需求。本章从网络产品与服务、定价、分销渠道和网络促销四个角度具体系统地阐述制定网络营销策略的重要性，使其系统化和规范化。

网络产品的特点有：产品的可信息化程度，产品的标准化程度，产品的品牌知名度，产品的购买风险，产品的网络目标市场定位，产品的市场可到达性，产品对传统市场的扩展。网络营销新产品的开发策略要根据网络产品所处环境的不同而采用不同的策略。网络营销定价策略有：低价渗透性定价策略、个性化定制生产定价策略、使用定价策略、拍卖定价策略、声誉定价策略、差别定价策略。网络分销渠道的建设分为三个步骤，分别是：确定产品要求的服务水平，选择网络分销商，确定渠道方案。网络促销形式有：网上折扣促销、积分促销、网上联合促销、赞助促销、竞赛与推广、游戏促销。网络促销战略的实施程序由四个方面组成，即确定网络促销对象，设计网络促销组合，选择网络促销预算方案，衡量网络促销效果。

复习思考题

一、简答题

1. 网络营销产品的内涵层次包括哪些方面？
2. 简述网络新产品的开发策略。
3. 影响网络营销定价的因素有哪些？
4. 网络营销定价策略有哪些？
5. 网络分销渠道与传统分销渠道的区别是什么？
6. 选择网络中间商时应注意哪些因素？
7. 网络分销渠道的功能有哪些？

8. 阐述网络促销如何运作。

二、案例分析题

韩寒《后会无期》的网络营销

不同于《小时代》，电影《后会无期》并没有原著的粉丝基础，而是全新创作的另一素材。在电影的前期微博宣传上，并没有依赖影片的相关细节，而是靠演员或导演的片场照片，加以“韩式幽默”的调侃配文在微博上传播。许多网友更是天马行空，想象力丰富，几乎每条微博下都出现许多“神评论”，而相关营销大号将这些“神评论”汇总，再以微博形式传出，使得高质量的原创内容得到了有效的二次传播。因此，《后会无期》的前期宣传既保持了影片的神秘性又在话题性上做足了噱头。影片上映后，剧中各主角的经典语句被制成九宫格图片传播，并且迅速引发了各种体的自由创作，最经典的当属“喜欢就会放肆，而爱就是克制”。这些简单易改编的句式瞬间燃起了网民们创作的热情，即使是尚未去电影院观看的消费者也不会对台词感到陌生。此外，《后会无期》为剧中备受欢迎的小阿拉斯加犬“马达加斯加”建立了个人微博，主要用于互动卖萌与发电影的幕后故事，让电影在观众心中有了更完整的形象。

［案例分析］

1. 根据案例，分析电影《后会无期》是运用哪些方法进行网络营销的。

2. 结合本章所学的网络营销策略知识，如果你是负责这部电影的营销总监，试想还可以通过哪些方式进行更加有效的网络营销。

第六章 网络广告及网络公共关系

【学习目标】

☆了解网络广告的产生与发展

☆熟悉网络广告的特点

☆掌握网络广告的类型

☆掌握网络公关的类型及危机处理的方法，并能开展应用

【关键概念】

网络广告　网络广告策划　网络公共关系　网络危机公关

【引导案例】

光纤被挖断事故中的支付宝

2015 年 5 月 27 日 18 点左右，杭州、上海、武汉等地的用户纷纷反映支付宝 PC 端和移动端均无法使用支付转账功能，余额宝也不能显示余额。事件发生半个小时后，支付宝在微博上回应称，事故是杭州市萧山区某地光纤被挖断造成，运营商正在抢修，支付宝工程师正紧急将用户请求切换至其他机房，资金安全不会受到影响等。

随后的时间内，支付宝在微博上通报抢修进程。并在晚上 7:30，再发官微表示，系统恢复正常服务。整个系统瘫痪时间 2.5 小时。事故结束后，支付宝发布官方声明，再次解释整个事件起因，对用户表示歉意，并对用户关心的问题一一进行解答，并表示会推进技术的升级改造。

阿里不愧是公关高手，整个事件，支付宝处理得冷静、有序。事发后半个小时即做出回应，140 个字的限制下，在微博中对事故原因、修复措施、用户资金等关键问题一个也没落下，事故中持续回复，保持用户信心。事件解决后再次通过官方进行详细解释，使得危机迅速平复，遏制流言产生。

第一节 网络广告

一、网络广告概述

（一）网络广告的定义

网络广告就是在网络上做的广告，通过网络广告投放平台利用网站上的广告横幅、文本链接、多媒体的方法，在互联网刊登或发布广告，通过网络传递到互联网用户的一种高科技广告运作方式。

与传统的四大传播媒体（报纸、杂志、电视、广播）广告及近来备受垂青的户外广告相比，网络广告具有得天独厚的优势，是实施现代营销媒体战略的重要一部分。网络广告是主要的网络营销方法之一，在网络营销方法体系中具有举足轻重的地位。事实上，多种网络营销方法也都可以理解为网络广告的具体表现形式，并不仅限于放置在网页上的各种规格的 Banner 广告，如电子邮件广告、搜索引擎关键词广告、搜索固定排名等都可以理解为网络广告的表现形式。无论以什么形式出现，网络广告所具有的本质特征是相同的：网络广告的本质是向互联网用户传递营销信息的一种手段，是对用户注意力资源的合理利用。网络是一个全新的广告媒体，速度快且效果理想，是中小企业发展壮大的良好途径，对于广泛开展国际业务的公司更是如此。

（二）网络广告的产生与发展

网络广告发源于美国。1994 年 10 月 14 日是网络广告史上的里程碑，美国著名的 Hotwired 杂志推出了网络版 的 Hotwired，并首次在网站上推出了网络广告，这立即吸引了 AT&T 等 14 个客户在其主页上发布广告 Banner，这标志着网络广告的正式诞生。更值得一提的是，当时的网络广告点击率高达 40%。

中国的第一个商业性的网络广告出现在 1997 年 3 月，Intel 和 IBM 是国内最早在互

联网上投放广告的广告主，传播网站是 Chinabyte，广告表现形式为 468×60 像素的动画旗帜广告，IBM 为 AS400 的网络广告宣传支付了 3000 美元。中国网络广告一直到 1999 年初才稍有规模。历经多年的发展，网络广告行业经过数次洗礼已经慢慢走向成熟。

国家工商总局于 2016 年 7 月 8 日发布了出台《互联网广告管理暂行办法》，界定了互联网广告范围，强化了互联网广告的监察和管理措施，并首次提及了程序化购买，于 2016 年 9 月 1 日起正式施行。近年来，我国互联网广告发展迅速，已成为我国广告产业规模最大和增速最快的版块。此次《互联网广告管理暂行办法》的出台是对渐趋繁荣的互联网广告市场加强管理的又一动作。持续从严的政策治理将促进互联网广告市场秩序渐趋规范，并将对网络广告及中国互联网广告市场产生结构性影响。

2016 年，中国网络营销收入逼近 3000 亿元，在五大媒体广告收入中的占比已达到 68%；同期电视广告收入 1049.9 亿元，在五大媒体广告收入中的占比接近四分之一。受网民人数增长，数字媒体使用时长增长、网络视听业务快速增长等因素推动，未来几年，报纸、杂志、电视广告将继续下滑，而网络营销收入还将保持较快速度增长。

2016 年移动广告市场规模达到 1750 亿元，同比增长率达 75.4%，依然保持高速增长。移动广告的整体市场增速远远高于网络广告市场增速。预计到 2019 年，中国移动广告市场规模将接近 5000 亿，在网络广告市场的渗透率近 80%。

艾瑞分析认为，用户注意力的转移为移动广告市场发展创造了巨大的发展空间，用户使用时长不断增长，移动媒体的多样化使得移动广告市场进入了新的发展阶段。基于大数据积累，结合用户属性、地理位置等指标而升级的精准化投放技术，不断提高移动广告的投放效率。同时基于用户观看内容而生的原生广告形式兴起，降低了广告对于用户体验的影响，进一步拓展广告形式和广告位资源。移动广告技术的不断迭代带来了移动广告市场规模的持续高速增长。

二、网络广告的特点

网络广告在下列方面呈现出不同于传统媒体广告的特点：

（一）传播范围广泛

网络广告的传播范围极其广泛，不受时间和空间的限制。通过 Internet 可以把网络广告传播到它所涉及的所有地域。网络广告突破了传统广告只能局限于一个地区、一个时间段的不足，它把广告信息 24 小时不间断地传播到世界各地。而且网络广告可以随时发布在任何地点的 Internet 网站上，受众可于任何时间在他们任一连接 Internet 的地点浏览广告。

（二）交互性强

在网络上，广告的受众对某一广告发生兴趣时，可以通过点击进入该广告的主页，进一步详细了解有关信息，甚至可以直接与商家进行咨询和交易洽谈，它是一对一的直接沟通，而厂商也可以随时得到宝贵的用户反馈信息。网络广告应个人需求而提供信息，而且根据个人不同的兴趣来展现详略不同的信息，在广告面前，受众具备了更大的自主性。网络广告改变了传统广告传播中信息单向流通、相互隔离及有时差的缺点，形成了广告发布者和接受者的即时互动关系。

（三）具有灵活快捷的特性

在传统广告媒体上，从策划、制作到发布广告需要经过很多环节的配合，广告一旦发布后信息内容很难改变，而且改动费用昂贵，因而难以实现广告信息的及时调整。而在 Internet 上做广告，能按照需要及时变更广告信息，改正广告中的错误就更容易了。这使企业经营决策的变化可以灵活地实施和推广。同时，网络广告的信息反馈也非常快捷，消费者可以直接与厂商交流，厂家也可以从网络广告的统计情况中了解网络广告的效果。

（四）拉动与推动相结合

网络的交互性使得网络广告改变了传统广告单纯的推动方式，由受众主动向企业索要特定的信息、广告主的强势推广转变为顺势拉进，形成了推动与拉动相结合的模式。典型的情况是，用户可以用关键字来查看广告，不用“搭配”阅读自己不感兴趣的内容。从网络广告的各种形式来看，网址、企业网站、旗帜广告、活动页面、赞助内容及下载按钮都需要引发消费者兴趣才能吸引他们进入，这属于拉动式的情况；而插入式广告、电子邮件广告等则属于推动模式了。消费者的主动性并不意味着广告主从此处于被动寻找的地位，一方面，他们似乎被动地等待消费者自己找上门来；另一方面，他们也积极搜集顾客资料，建立数据库，伺机而动，把信息推到消费者面前。

（五）广告成本低

作为新兴的媒体，网络媒体的收费低于传统媒体。网络广告的费用目前大约是报纸的 1/5、电视的 1/8。这是由于网络广告有自动化的软件工具进行创作和管理，能以低廉费用按照需要及时变更广告内容。如果能直接利用网络广告进行产品的销售，则可节省更多的销售费用。

（六）受众针对性明确

网络广告可以锁定目标消费者，针对具体受众，提供有针对性的内容环境；可以实现在适当的时间把适当的信息发送给适当的人。由于点阅信息者即为有兴趣的用户，所以网络广告可以直接命中潜在购买者。尤其是对电子商务站点，浏览用户大都是企业界人士，网络广告在受众范围上就更具有针对性了。

（七）传播效果易于控制

采用传统媒体做广告，很难准确地知道有多少人接受了广告信息，广告的评价与控制比较困难。而网络广告可通过有关的访问流量统计系统，及时精确地统计出每个广告被多少个用户看过，以及这些用户查阅的时间分布、地域分布和反馈情况等。广告主和广告经营者可以对广告效果做出评价，进而审定他们的广告策略的合理性并进行相应调整，这就避免了传统广告的失控性和无效性。

三、网络广告的类型

（一）网幅广告

网幅广告（Banner）是以 GIF、JPG 等格式建立的图像文件，定位在网页中，大多用来表现广告内容，同时还可使用 Java 等语言使其产生交互性，用 Shockwave 等插件工具增强表现力，是最早的网络广告形式。

网幅广告的分类：静态、动态和交互式。

图 6－1　网幅广告

（二）文本链接广告

文本链接广告（Text Link）是以文字链接的广告，即在热门站点的 Web 页上放置可以直接访问的其他站点的链接，通过热门站点的访问，吸引一部分流量点击链接的站点。文本链接广告是一种对浏览者干扰最少，广告费用较低，但却最有效果的网络广告形式。

该类广告的优点是对用户阅读网站造成的影响较小，能达到软性宣传的目的，但是此类广告是通过文字来传达信息的，在做的时候就会有一定的挑战性，越是短少的广告越难做，因为从一句话里传达的信息是有限的，如何发挥这句话的作用就必须需要好的创意。

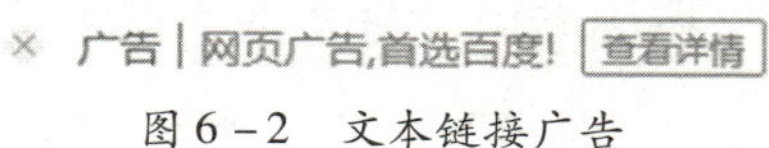

图 6－2　文本链接广告

（三）按钮式广告

按钮式广告（Button）是从网幅广告演变过来的一种形式，是表现为图标的广告，通常广告主用其来宣传其商标或品牌等特定标志。按钮式广告是一种与标题广告类似，但是面积比较小，而且有不同的大小与版面位置可以选择，最早是网景通信公司用来提供使用者下载软件之用，后来这样的规格就成为一种标准。按钮广告能提供简单明确的资讯，而且其面积大小与版面位置的安排都较具有弹性，可以放在相关的产品内容旁边，是广告主建立知名度的一种相当经济的选择。

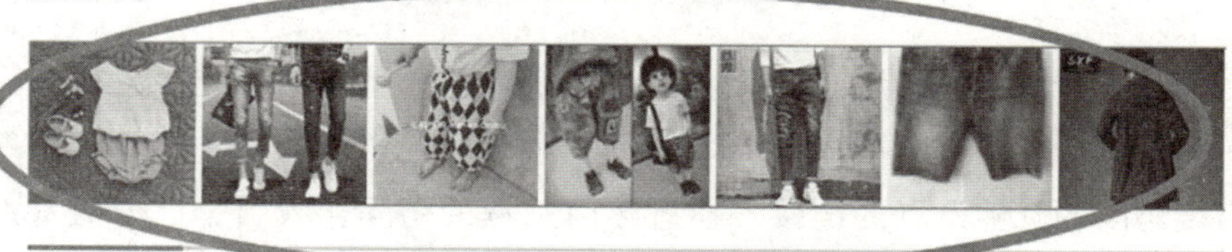

图 6－3　按钮式广告

这种广告形式被开发出来主要有两个原因。一方面是可以通过减小面积来降低购买成本，让小预算的广告主能够有能力进行购买。另一方面是更好地利用网页中比较小面积的零散空白位。常见的按钮式广告有 125×125，120×90，120×60，88×31 四种尺寸。在进行购买的时候，广告主也可以购买连续位置的几个按钮式广告组成双按钮广告，三按钮广告等，以加强宣传效果。按钮式广告一般容量比较小，常见的有 jpeg、gif、flash 三种格式。

（四）对联广告

对联广告（Couplet Ad）是指利用网站页面左右两侧的竖式广告位置而设计的广告形式。这种广告形式可以直接将客户的产品和产品特点进行详细说明，并可以进行特定的数据调查、有奖活动。不干涉使用者浏览页面，注目焦点集中，显示时随页面浏览而跟随移动，提供可关闭标志。对联为广告的形式，有助于推销产品和服务，传播企业文化和经营理念树立企业形象。

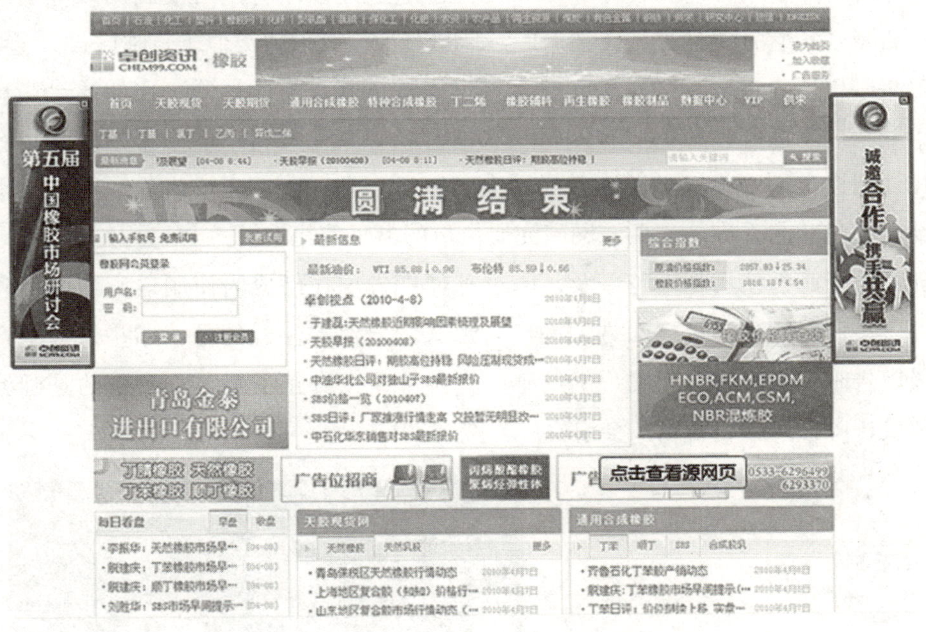

图 6-4　对联式广告

（五）搜索引擎广告

搜索引擎广告（SEA）是指广告主根据自己的产品或服务的内容、特点等，确定相关的关键词，撰写广告内容并自主定价投放的广告。当用户搜索到广告主投放的关键词时，相应的广告就会展示（关键词有多个用户购买时，根据竞价排名原则展示），并在用户点击后按照广告主对该关键词的出价收费，无点击不收费。

灯箱制作，灯箱制作就选传扬新能源，专业，放心，更省心!
灯箱制作就选传扬新能源，10多年灯箱制作经验，灯箱制作厂家直销，价格合理，售后有保障!灯箱制作服务热线:028-87934970
2016-08 - V1 - 评价 - 广告

专业定制灯箱，十年依然崭新如故的灯箱
热点: led灯箱 优势: 欢迎新老客户前来 | 生产厂家价格
全德广告独家定制灯箱，设计独特，造型简约，稳重大气，十年依然崭新如故的灯箱，为..
2016-08 - V1 - 评价 - 广告

广告灯箱的价格?万美-十年专业灯箱制作经验，质优价廉
热点: 广告灯箱的价格 优势: 主营拉布灯箱 | 大型停车场
广告灯箱的价格?广州万美光电，华南极具规模的大型灯箱生产商，主营拉布灯箱，水晶..
灯箱: 会展滚动灯箱案例 LED滚动灯箱 水晶灯箱: led双面水晶灯箱
2016-08 - V2 - 评价 - 广告

图 6－5　搜索引擎广告

（六）电子邮件广告

电子邮件广告（E－mail Advertising）是指通过互联网将广告发到用户电子邮箱的网络广告形式，它针对性强，传播面广，信息量大，其形式类似于直邮广告。

电子邮件广告可以直接发送，但有时也通过搭载发送的形式：比如通过用户订阅的电子刊物、新闻邮件和免费软件以及软件升级等其他资料一起附带发送。也有的网站使用注册会员制，收集忠实读者（网上浏览者）群，将客户广告连同网站提供的每日更新的信息一起，准确送到该网站注册会员的电子信箱中。

随着电子邮件使用越来越普及，电子邮件广告现在已成为使用最广的网络广告形式，许多厂商采用这种直接而方便的广告形式。但值得注意的是，那些未经同意发送的垃圾广告邮件很容易引起用户的反感。广告主要在真正了解客户需求的基础上适时适量地发送邮件广告，否则只会浪费广告费。

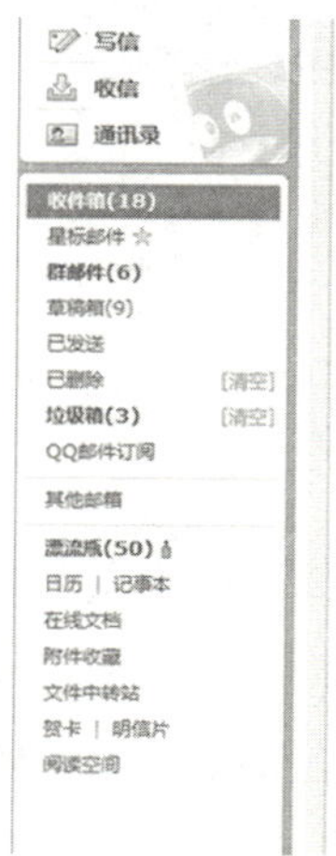

图 6－6　电子邮件广告

（七）插播式广告

插播式广告（Interstitial）是在一个网站的两个网页出现的空间中插入的网页广告，就像电视节目中出现在两集影片中间的广告一样。广告有不同的出现方式，有的出现在浏览器主窗口，有的新开一个小窗口，有的可以创建多个广告，也有一些是尺寸比较小的、可以快速下载内容的广告。无论采用哪种显示形式，插播式广告的效果往往比一般的网幅广告效果要好。

图 6－7　插播式广告

（八）视频广告

随着在线视频的快速发展，在视频播放的间隙插入的广告也成为互联网广告的一种重要形式。根据插入位置的不同，视频广告又可以分为前插片、后插片、暂停等类型。由于载体的独特性质，视频广告的效果和广告创意比较类似于线下的电视广告。

（九）移动广告

移动广告是通过移动设备（手机、PSP、平板电脑等）访问移动应用或移动网页时显示的广告，广告形式包括：图片、文字、插播广告、H5、链接、视频、重力感应广告等。

（十）富媒体广告

富媒体广告（Rich Media）并不是一种具体的互联网媒体形式，而是指具有动画、声音、视频和交互性的信息传播方法，包含下列常见的形式之一或者几种的组合：流媒体、声音、Flash 以及 Java、Javascript、DHTML 等程序设计语言。富媒体可应用于各种网络服务中，如网站设计、电子邮件、网幅广告、按钮式广告、弹出式广告、插播式广告等。

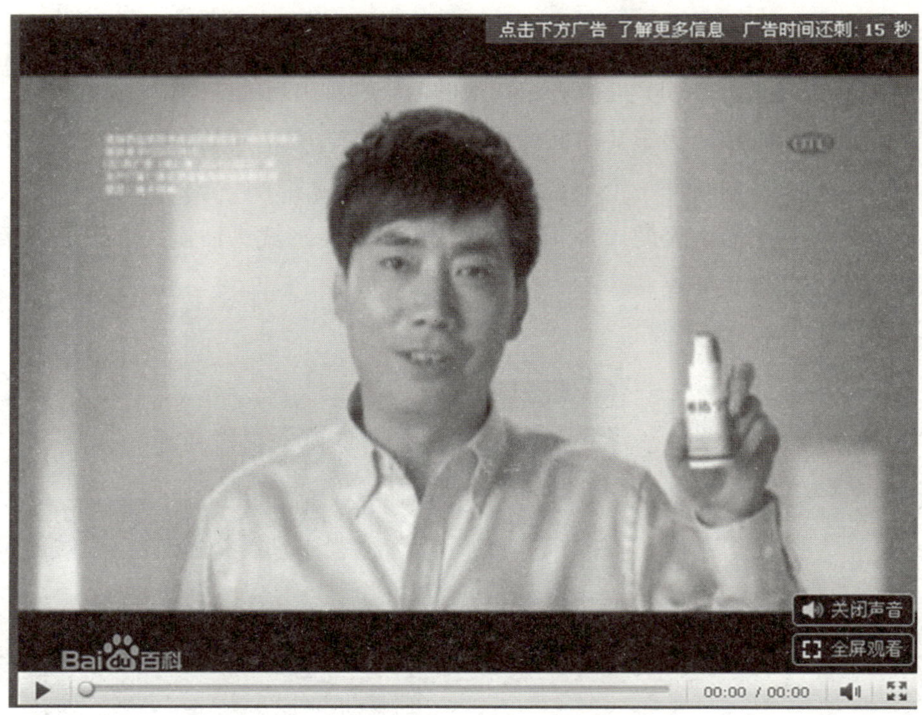

图 6－8 视频广告

图 6－9 富媒体广告

四、网络广告策划

（一）网络广告策划的概念

网络广告策划是对广告活动进行整体的规划。网络媒体的特点决定了网络广告策划的特定要求。如网络的高度互动性使网络广告不再只是单纯的创意表现与信息发布，广告主对广告回应度的要求会更高；网络的时效性非常重要，网络广告的制作时间短，上线时间快，受众的回应也是即时的，广告效果的评估与广告策略的调整也都必须是即时的。

（二）网络广告策划的步骤

网络广告策划有自己的步骤，具体如下：

1. 确定网络广告的目标

广告目标的作用是通过信息沟通使消费者产生对品牌的认识、情感、态度和行为的变化，从而实现企业的营销目标。在公司的不同发展时期有不同的广告目标，比如说是形象广告还是产品广告。对于产品广告在产品的不同发展阶段，广告的目标可分为提供信息、说服购买和提醒使用等。AIDA 法则是网络广告在确定广告目标过程中的规律。

（1）第一个字母 A 是“注意”（Attention）。在网络广告中意味着消费者在电脑屏幕上通过对广告的阅读，逐渐对广告主的产品或品牌产生认识和了解。

（2）第二个字母 I 是“兴趣”（Interest）。网络广告受众注意到广告主所传达的信息之后，对产品或品牌发生了兴趣，想要进一步了解广告信息，他可以点击广告，进入广告主放置在网上的营销站点或网页中。

（3）第三个字母 D 是“欲望”（Desire）。感兴趣的浏览者对广告主通过商品或服务提供的利益产生“占为己有”的企图，他们必定会仔细阅读广告主的网页内容，这时就会在广告主的服务器上留下网页阅读的记录。

（4）第四个字母 A 是“行动”（Action）。最后，广告受众把浏览网页的动作转换为符合广告目标的行动，可能是在线注册、填写问卷参加抽奖或者是在线购买等。

2. 确定网络广告的目标群体

简单来说就是确定网络广告希望让哪些人来看，确定他们是哪个群体、哪个阶层、哪个区域。只有让合适的用户来参与广告信息活动，才能使广告有效地实现其目标。

3. 进行网络广告创意及策略选择

（1）要有明确有力的标题：广告标题是一句吸引消费者的带有概括性、观念性和主导性的语言。

（2）简洁的广告信息。

（3）发展互动性：如在网络广告上增加游戏功能，提高访问者对广告的兴趣。

（4）合理安排网络广告发布的时间因素：网络广告的时间策划是其策略决策的重要方面。它包括对网络广告时限、频率、时序及发布时间的考虑。时限是广告从开始到结束的时间长度，即企业的广告打算持续多久，这是广告稳定性和新颖性的综合反映。频率即在一定时间内广告的播放次数，网络广告的频率主要用在 E-mail 广告形式上。时序是指各种广告形式在投放顺序上的安排。发布时间是指广告发布是在产品投放市场之前还是之后。

（5）正确确定网络广告费用预算：公司首先要确定整体促销预算，再确定用于网络广告的预算。整体促销预算可以运用量力而行法、销售百分比法、竞争对等法或目标任务法来确定。而用于网络广告的预算则可依据目标群体情况及企业所要达到的广告目标来确定，既要有足够的力度，也要以实际需要为前提。

（6）设计好网络广告的测试方案。

五、网络广告的发布

网上发布广告的渠道和形式众多，各有利弊，企业应根据自身情况及网络广告的目标，选择网络广告发布渠道及方式。在目前，可供选择的渠道和方式主要有：

（一）主页形式

建立自己的主页，对于企业来说，是一种必然的趋势。它不但是企业形象的树立，也是宣传产品的良好工具。在互联网上做广告的很多形式都只是提供了一种快速链接公司主页的途径，所以，建立公司的 Web 主页是最根本的。从今后的发展看，公司的主页地址也会像公司的地址、名称、电话一样，是独有的，是公司的标识，将成为公司的无形资产。

（二）网络内容服务商（ICP）

如新浪、搜狐、网易等，它们提供了大量的互联网用户感兴趣的免费信息服务，包括新闻、评论、生活、财经等内容，因此，这些网站的访问量非常大，是互联网上最引人注目的站点。目前，这样的网站是网络广告发布的主要阵地，但在这些网站上发布广告的主要形式是旗帜广告。

（三）专类销售网

这是一种专业类产品直接在互联网上进行销售的方式。走入这样的网站，消费者只要在一张表中填上自己所需商品的类型、型号、制造商、价位等信息，然后按一下搜索键，就可以得到你所需要商品的各种细节资料。

（四）企业名录

这是由一些 Internet 服务商或政府机构将一部分企业信息融入他们的主页中。如香港商业发展委员会的主页中就包括汽车代理商、汽车配件商的名录，只要用户感兴趣，就可以通过链接进入选中企业的主页。

（五）免费的 E – mail 服务

在互联网上有许多服务商提供免费的 E – mail 服务，很多上网者都喜欢使用。利用这一优势，能够帮助企业将广告主动送至使用免费 E – mail 服务的用户手中。

（六）黄页形式

在 Internet 上有一些专门用以查询检索服务的网站，如 Yahoo！、Infoseek、Excite 等。这些站点就如同电话黄页一样，按类别划分，便于用户进行站点的查询。采用这种方法的好处，一是针对性强，查询过程都以关键字区分；二是醒目，处于页面的明显处，易于被查询者注意，是用户浏览的首选。

（七）网络报纸或网络杂志

随着互联网的发展，国内外一些著名的报纸和杂志纷纷在 Internet 上建立了自己的主页；更有一些新兴的报纸或杂志，放弃了传统的“纸”的媒体，完完全全地成为一种“网络报纸”或“网络杂志”。其影响非常大，访问的人数不断上升。对于注重广告宣传的企业来说，在这些网络报纸或杂志上做广告，也是一个较好的传播渠道。

（八）新闻组

新闻组是人人都可以订阅的一种互联网服务形式，阅读者可成为新闻组的一员。成员可以在新闻组上阅读大量的公告，也可以发表自己的公告，或者回复他人的公告。新闻组是一种很好的讨论和分享信息的方式。广告主可以选择与本企业产品相关的新闻组发布公告，这将是一种非常有效的网络广告传播渠道。

第二节 网络公共关系

一、网络公共关系概述

网络公共关系的定义大体有以下几种代表：

（1）网络公共关系是指利用互联网的高科技来营造企业形象，为现代公共关系提供新的思维方式、策划思路和传播媒介。

（2）网络公共关系是指企业在网络空间的公众关系。网络空间存在着形形色色的“大众群体”，企业通过其网络上的各种存在形式，以及通过采取各种方式与网络公众增进了解，进而维持与公众的良好关系与互动，以此来加强品牌的影响力，促进品牌的推广。

（3）网络公共关系是由于计算机网络的迅猛发展而给传统公关带来的一种创新形式，它以因特网作为信息传播的手段来开展公关活动，为企业改善自身形象、提升市场知名度、创造更多商机提供支持。

由此我们看出，网络公共关系的手段是利用互联网，维护和改善企业形象，提升品牌知名度，以获得更多商机。为此，结合网络公共关系的不同阐述，给出如下定义：

网络公共关系是组织为了达到特定目的，借助互联网手段，有计划地开展各种传播和沟通活动，以达到信息传播、关系协调、改善形象的目的。

二、网络公共关系的优势

（一）网络公关主体的主动性增强

网络公关突破了传统公关的时空限制、传统媒体的限制，使组织拥有更大的主动权和传播优势。

（二）网络公关客体的能动性提高

1. 网络媒体的互动性

网络媒体的互动性使组织和公众都拥有了更大的主动性，这一点对公关的客体来说意义更大。在互动过程中，客体不只是单一的信息接收器，也成为信息传播源，公众可以对网络信息自由选择、编辑、加工等。

2. 实现“一对一”交流模式

网络媒体的互动性为“一对一”的公关传播提供了得天独厚的条件。电子邮件、社交软件、新闻组、电子杂志等都成为企业公关人员和相关公众可以自由选择的工具。企业公关人员可以将通过传统方式和网络收集的客户、经销商资料存入企业的数据库，以此为基础为客户、经销商提供个性化的信息服务。客户和经销商也可以借助网络向企业反映自己的各种要求和建议。这种“一对一”的交流方便快捷且成本极低。

（三）成本低，效果佳

传统公共关系策略在实施过程中，财力物力是制约其发展的重要因素；而开展网络公关却相当方便，一封友好的电子邮件、一则引人注目的帖子都可以成为公关开展的方式。

三、网络公共关系的类型

具体来说，网络公关有 4 种形式：

（一）新闻公关

可通过自有网站、有影响力的门户网站、新闻网站、传统媒体等途径发送新闻报道的形式来实施网络公关。在用新闻公关时，应当注意新闻报道的真实性，因为在网络社会，公众可以从更多的途径验证新闻的真实性。在利用传统媒体时，还应注意处理好企业和媒体工作人员之间的良好关系。

（二）论坛公关

论坛公关是网络公关的一种方式，具体指通过论坛信息发布来传递必要信息，以达到发表声明、塑造形象、维护形象、降低损失等目的。

论坛是网络上一种广泛应用的信息交流工具，对网络公共关系而言，更具有特殊的传播沟通功能。企业可以在各大相关论坛网站上发布企业正面信息帖、转帖、回复等活动引发讨论，或可与公众进行“在线聊天”等，来拉近组织与公众之间的距离，达到网络公关的目的。

（三）电子邮件公关

向特定的顾客和重要人物发送特别制作的电子邮件，进行个别对象的公关，或实现一对一传播，增加公关的人情味。

（四）其他网络公关形式

企业也可以组织网络访问、网络调查、网络讨论、网络分析和评论等形式对公众所关注的问题进行收集、分析和反馈，以增进和公众之间的理解。此外，还可以通过网络组织开展一些公益性活动，如网络捐助、网络义卖、网络社区服务、网络问题解答等，引发公众对企业的认同，提升企业形象。

四、网络危机公关

（一）网络危机公关概述

网络危机公关是指利用互联网对企业的相关品牌形象进行公关，尽可能地避免在搜索企业的相关人物与产品服务时出现负面信息。从互联网传播的特性来看，可以总结出网络危机公关传播具有以下的特点：

1. 更加难于防范

由于门槛及相关制约机制的缺失，使得信息发布者的责任意识更为淡薄。虽然通过锁定 IP 地址等技术手段可以确定相关的信息发布者，但由于互联网海量信息的特点，使得绝大多数的信息无从考证。这样就会使得大量针对企业的有根据或者无根据、有目的或者无目的、善意或者恶意的负面信息充斥在网络上。对于品牌管理者来说，要提前防范到所有这些随时引发的负面信息，基本上是不可能的。

2. 传播更为迅速

互联网上充斥着大量关于品牌的负面信息，不过大部分是非蓄意策划的，因此不具备传播价值，这样的负面信息一般来说不会对企业的品牌造成较大程度的负面影响。适度的不涉及品牌核心美誉度的负面评价，反而可以使得品牌的形象更为丰满。但如果是蓄意策划的，或者是本身很有新闻传播点的负面信息，一旦在互联网上传播起来，其速度是惊人的。从信息的接受人群来看，如果说传统媒介是以加法的速度在传播，那么互联网媒体由于互动传播的特点，其传播速度可以说是以“几何倍数”在传播。

3. 层次性更为明显

在互联网时代，品牌危机的传播明显就具有层次性。一方面，不同形式的互联网传播由小众到大众，由自发到强势媒体主动介入，逐步层次化、阶段化展开；另一方面，互联网和其他传统媒体往往也会形成互动，从而快速地形成立体化、多层次的负面传播通道。

4. 破坏性更强

一旦以互联网为主要平台的立体化、多层次的负面信息传播渠道形成，那么，它对于企业品牌的杀伤力往往是巨大的，后果更是灾难性的。由于危机常具有“出其不意，攻其不备”的特点，因此不论什么性质和规模的危机，都会给企业带来混乱和恐慌，而且在互联网时代，决策的时间以及信息有限，往往会使得企业难以做出应对决策从而带来不可估量的损失。对企业来说，危机一旦爆发，其破坏性的能量就会被迅速释放，并呈现出蔓延之势，如果不能及时控制，危机就会急剧恶化，使得企业遭受更大损失。

5. 传播具有积淀性

负面传播具有积淀性，负面影响一旦形成是很难消除的。互联网的搜索功能使得基于互联网的品牌负面信息传播具有积淀性，即使是危机暂时平息之后，大量的负面信息还会在网上积淀下来，对品牌的影响是很难在短时间内完全消除的。

（二）危机公关的处理原则

危机公关 5S 原则是指危机发生后为解决危机所采用的 5 大原则，包括承担责任原则（shouldering the matter）、真诚沟通原则（sincerity）、速度第一原则（speed）、系统运行原则（system）、权威证实原则（standard）。

1. 承担责任

从这一点原则上来看，企业的态度很重要，一是利益方面，二是情感方面。无论谁是谁非，企业都应该主动承担责任。

2. 真诚沟通

当危机事件发生后，组织与公众的沟通至关重要，尤其是组织与外部公众的沟通更为紧迫。此时的沟通必须以真诚为前提，如果不是真心实意地同公众、同媒体沟通，是无法平息舆论压力的。俗话说，“真心换真心”“将心比心”，组织若能把公众的利益放在第一位，真诚地与公众沟通，相信公众是通情达理的。组织与媒体的沟通同样重要，媒体是舆论引导者，大众媒体的一端连着大众，所以绝不可忽视与媒体的真诚沟通。

3. 速度第一

当危机事件发生时，作为组织所要做的重要工作之一就是及时、准确地把危机事件的真相告诉公众和媒体，以最快的速度做出反应，掌握处理危机事件的主动权，这样才能在第一时间赢得公众的理解和支持。若迟迟不作反应，组织形象会因为一次危机事件而元气大伤，若想再恢复到原有状态，则需付出十倍甚至百倍的努力，其效果也往往不如人意。所以危机事件一旦出现，便应火速出击，及时稳定人心，为后面的工作开创有利局面。

4. 系统运行

在处理整个危机事件的过程中，组织者要按照应对计划全面、有序地开展工作。处理危机过程是一个完整的系统，环环相扣，若要把危机事件处理得圆满，哪个环节都不能出问题，一个环节出现问题，必然影响到其他环节。所以，一定要坚持系统运行原则，不能顾此失彼，才能保证及时、准确、有效地处理危机事件。

5. 权威证实

作为组织，尤其是生产企业和经销企业，产品质量是企业赖以生存发展的保障。产品质量的好坏不是自己说了算的，而要靠广大消费者，即社会公众在使用之后做出评价。当然，企业如果想达到创名牌的目的，那就更需要拿出权威部门的质量鉴定。这是企业信誉的保证，企业应尽力争取政府主管部门、独立的专家或权威机构、媒体及消费者代表的支持，而不要自己去徒劳地自吹自擂，在这里“王婆卖瓜，自卖自夸”是无法取得消费者信赖的，必须用“权威”说法，用“权威”来证明自己，别无捷径可走。

（三）网络危机公关的对策

1. 清理

危机处理阶段，要有针对性地清理网上负面消息。负面信息出现后，由于网络的扩散性，完全清理和消除几乎是不可能的。同时，从危机处理的角度看，也无此必要，在强势和主流的网络媒体上消除负面消息，不出现热点栏目和专题，不出现置顶和热门的帖子，网络危机的处理就应该可以看作是成功的。因此，清理主要集中在两种网络媒体形态：大型的资讯类网络媒体和平台型网络媒体。

大型的资讯类网络媒体主要是指门户网站和垂直网站。在这类网络媒体上对负面消息的清理主要可以通过广告投放建立长期的合作关系、在公关危机发生后与之协商达成协议、通过和网站编辑以及负责人的私人关系处理。

平台型网络媒体方面，主要是对大型论坛的相关帖子进行删除、回帖澄清、发布回帖、灌水压制、不回应沉帖等。

2. 稀释

一种常用的稀释公众关注焦点的有效手段是：制造新的关注焦点，转移危机事件话题。当危机出现时，组织可以采取的方式之一，就是迅速制造某些更新奇、更具戏剧性但对名声没有损害的事件，以期将大众对危机事件的密切关注引向新的话题。

3. 管制

当企业发生被人刻意诬陷、产生错误的危机报道之后，可以考虑通过法律的手段去控制危机舆论的继续蔓延。在中国这种特殊的舆论监管制度下，强有力的监管方式可以在最短时间内让舆论转向或平息。

4. 官方声明

企业发表官方的声明，在网络上谣言四起、众说纷纭的时候，有以正视听、澄清事实的效果。当危机责任确实在企业自身的时候，官方声明应包含公开的道歉。企业发表官方声明和道歉的形式有：召开新闻发布会；在官方网站提供声明网页，并以首页链接或者自动弹出的方式出现；向主流报纸、电视台、专业杂志以及主流网络媒体发送声明新闻稿，并利用与媒体的关系使声明在相关媒体显著位置出现；在主流讨论区和论坛发表官方声明帖，可能的话使之置顶显示。官方声明和道歉必须显示出足够的诚意和耐心，必须正视问题而不能试图掩盖或者狡辩，那样做只能增加危机扩大的可能性。

5. 新闻发布

针对危机建立专门的新闻中心，并将所有相关信息都全面集成到这一中心的主页面，使之成为企业正面消息传播的信息源。在内容上，该中心至少应该包括危机概述、危机新闻稿、新近的新闻发布会、企业声明或 CEO 致信、紧急事件、联系方式、问题与回答等。这些信息应尽可能将多媒体信息和尽可能多的资料（包括以前的资料）整合在一起提供给相关的公众。信息越全面，公众了解的情况也会越全面，从而减少由于信息不对称而导致的猜疑或造谣。在页面设计安排上，尽量注意色彩和措辞的平和。同时要注意线上和线下的互动。

本章小结

网络广告是最传统的营销方式之一，网络广告有别于传统广告，具有新的特点和形式。网络广告的策划是核心，能灵活运用多种广告形式开展网络推广是至关重要的。网络公关是比较易被人接收的广告形式，企业可以通过多种形式开展网络公关。但基于互联网独特的传播特性，企业危机事件的防范更加困难，因此如何针对危机事件开展危机公关是极为重要的。

一、简答题

1. 简述网络广告的特点。
2. 简述网络广告的策划步骤。
3. 网络广告的发布渠道有哪些？
4. 如何开展网络公关？
5. 网络危机公关处理的方法有哪些？

二、案例分析题

【案例】

2017 年 4 月 30 日晚，在周杰伦西安个人演唱会现场，一名保安把粉丝的灯牌丢掉，这个举动被台上的周杰伦看到了，周杰伦当众怒斥保安“滚出去”。

事后，得知安保人员之所以将歌迷灯牌丢掉是因为前排歌迷灯牌挡住了后排歌迷的视线，安保人员是为保护更多歌迷的利益才上前阻止。周杰伦第一时

间通过公司官方微博以及演唱会主办方等公开渠道向这位安保人员道歉。

文字道歉之后，周杰伦录制了一段道歉的视频，并亲自到安保指挥部，向演唱会期间执勤的安保人员表示感谢，同时当面向这位安保人员道歉并取得原谅。及时、得当、有诚意，这样的危机公关，帮助周杰伦成功挽回个人品牌声誉。就连央视之后也点赞周杰伦的态度和做法。

【案例分析】

结合本案例，利用5S原则分析此次网络危机事件。

第七章 搜索引擎营销

【学习目标】

☆理解搜索引擎营销的概念和特点

☆了解搜索引擎的工作原理

☆理解并掌握搜索引擎营销的基本方式

☆了解企业在搜索引擎营销中存在的问题

【关键概念】

搜索引擎　搜索引擎营销　搜索引擎优化　百度推广

【引导案例】

BMW——根据 IP 地址显示搜索结果，达成品牌的本地化细分覆盖

BMW 在美国本土的搜索营销策略是激进的投放策略，即让旗下所有产品名称都置于搜索结果的第一位，并在此基础上，详细研究用户查询时可能出现的关键词组合方式，将有关产品名称的各种排列组合的关键词一并购买，并使之搜索结果排名也处于首位。

此外，BMW 与搜索运营商达成精诚合作，利用搜索引擎分 IP 显示关键词广告的功能，联合分散在全美各城市的经销商，进行当地市场的品牌精准传播。用户输入 BMW 产品的名称后，在结果列表首位展示的是 BMW 美国的官方网站，结果列表次位展示的是当地经销商的网站。如果用户的 IP 来自西雅图，第二位结果则是西雅图的经销商网站。

BMW的这一创举，首先达成了品牌的大面积覆盖，关于BMW的一切产品都排在搜索结果首位，在用户心目中树立了良好的品牌形象。其次，BMW达成了品牌的细分覆盖，能够根据用户所属地区提供有针对性的结果，为经销商的销售带来线索。最后，BMW与经销商联合进行搜索营销，使得BMW的整体品牌形象得到高度统一，同时节省了经销商各自为战带来的高额广告预算。

第一节 搜索引擎营销概述

一、搜索引擎的概念

搜索引擎（Search Engine）是指根据一定的策略，运用特定的计算机程序从互联网上搜集信息，在对信息进行组织和处理后，为用户提供检索服务，将用户检索相关的信息展示给用户的系统。

二、搜索引擎的工作原理

（一）爬行

搜索引擎是通过一种特定规律的程序跟踪网页的链接，从一个链接爬行到另外一个链接，像蜘蛛在蜘蛛网上爬行一样，所以引擎程序被称为“蜘蛛”，也被称为“机器人”。

（二）抓取存储

“蜘蛛”通过爬行，跟踪链接到达网页抓取数据，并将数据存入原始页面数据库。

（三）建立索引

搜索引擎索引是以网页中的词语为关键词而建立的便于查询的有序文件条目，它存储于搜索引擎的索引库中。索引通常分为正排索引和倒排索引两种。

（四）排名

这里指用户在搜索引擎输入关键词搜索后的排名展示。如图 7－1 所示。

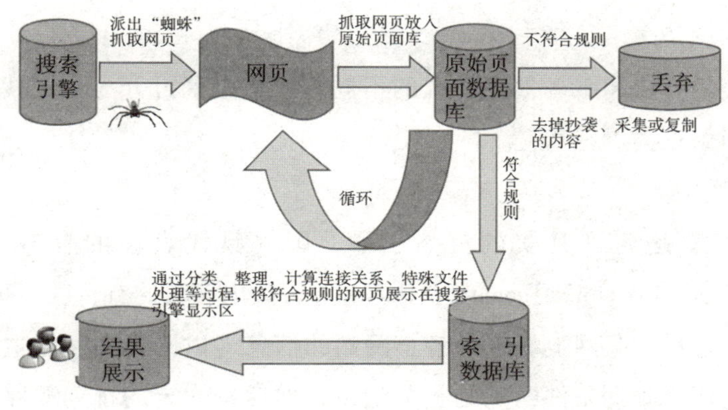

图7-1　搜索引擎的工作原理

三、搜索引擎的分类

（一）按照服务范围划分

按照服务范围划分，搜索引擎分为全球搜索引擎和国内搜索引擎。

1. 全球搜索引擎

图7-2　全球搜索引擎

2. 国内搜索引擎

图7-3　国内搜索引擎

(二) 按照信息搜集方法和服务提供方式的不同划分

按照信息搜集方法和服务提供方式的不同，搜索引擎可分为全文搜索引擎、目录索引、元搜索引擎三类。

1. 全文搜索引擎

全文搜索引擎是名副其实的搜索引擎，国外具代表性的有 Google、Fast/AllTheWeb、AltaVista、Inktomi、Teoma、WizeNut 等，国内著名的有百度、360 搜索、搜狗等。它们都是通过从互联网上提取的各个网站的信息（以网页文字为主）而建立的数据库中，检索与用户查询条件匹配的相关记录，然后按一定的排列顺序将结果返回给用户，因此他们是真正的搜索引擎。

全文搜索引擎是从网站提取信息建立网页数据库的概念，搜索引擎的自动信息搜集功能分两种：一种是定期搜索，即每隔一段时间（比如 Google 一般是 28 天），搜索引擎主动派出“蜘蛛”程序，对一定 IP 地址范围内的互联网网站进行检索，一旦发现新的网站，它会自动提取网站的信息和网址加入自己的数据库。另一种是提交网站搜索，即网站拥有者主动向搜索引擎提交网址，它在一定时间内（2 天到数月不等）定向向你的网站派出“蜘蛛”程序，扫描你的网站并将有关信息存入数据库，以备用户查询。

从搜索结果来源的角度，全文搜索引擎又可细分为两种：一种是拥有自己的检索程序，俗称“蜘蛛”程序或“机器人”程序，并自建网页数据库，搜索结果直接从自身的数据库中调用；另一种则是租用其他引擎的数据库，并按自定的格式排列搜索结果，如 Lycos 引擎。

2. 目录索引

目录索引也称为分类检索，是因特网上最早提供 WWW 资源查询的服务，主要通过搜集和整理因特网的资源，根据搜索到的网页的内容，将其网址分配到相关分类主题目录的不同层次的类目之下，形成像图书馆目录一样的分类树形结构索引。目录索引无须输入任何文字，只要根据网站提供的主题分类目录，层层点击进入，便可查到所需的网络信息资源。

目录索引虽然有搜索功能，但在严格意义上算不上是真正的搜索引擎，仅仅是按目录分类的网站链接列表而已。用户完全可以不用进行关键词（Keywords）查询，仅靠分类目录也可找到需要的信息。

目录索引中最具代表性的莫过于大名鼎鼎的雅虎（Yahoo），其他诸如 Open Directory Project（DMOZ）、LookSmart、About 以及国内的搜狐、新浪、网易搜索也都属于这一类。

3. 元搜索引擎

元搜索引擎在接受用户查询请求时，同时在其他多个引擎上进行搜索，并将结果返回给用户。

著名的元搜索引擎有 InfoSpace、Dogpile、Vivisimo 等，中文元搜索引擎中具代表性的是搜星搜索引擎。在搜索结果排列方面，有的直接按来源引擎排列搜索结果，如 Dogpile，如图 7－4 所示，有的则按自定的规则将结果重新排列组合。

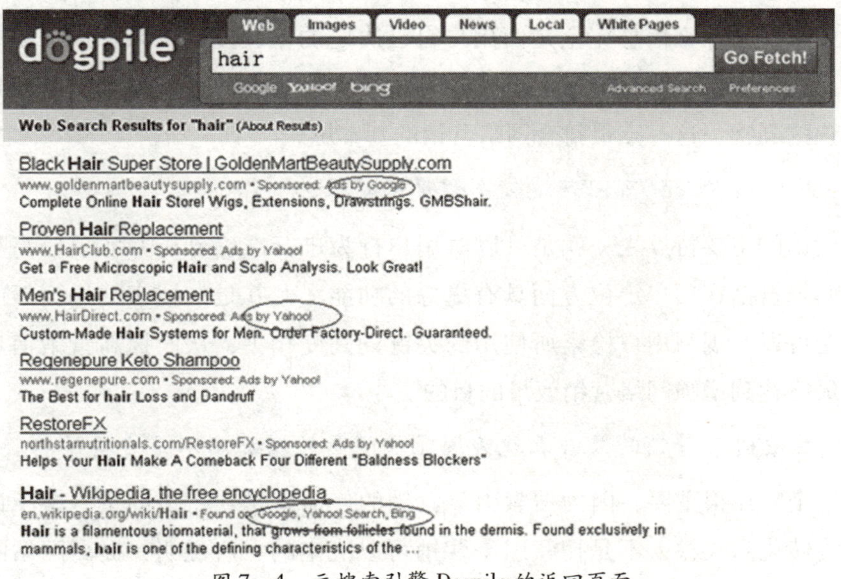

图 7－4　元搜索引擎 Dogpile 的返回页面

四、搜索引擎营销

搜索引擎营销的英文是 Search Engine Marketing，简写为 SEM。它是基于搜索平台的网络营销，利用网民对搜索引擎的依赖和使用习惯，在检索信息的时候尽可能地将营销信息传递给目标客户。搜索引擎营销的基本模式主要包括：免费登录分类目录、搜索引擎优化、收费登录分类目录、关键词广告、关键词竞价排名、网页内容定位广告等。

五、搜索引擎营销的特点

（一）搜索引擎营销方法与企业网站密不可分

一般来说，搜索引擎营销作为网站推广的常用方法，在没有建立网站的情况下很少被采用（有时也可以用来推广网上商店、企业黄页等），搜索引擎营销需要以企业网站为基础，企业网站设计的专业性对网络营销的效果又会产生直接影响。

（二）搜索引擎传递的信息只发挥向导作用

搜索引擎检索出来的是网页信息的索引，一般只是某个网站/网页的简要介绍，或者搜索引擎自动抓取的部分内容，而不是网页的全部内容，因此这些搜索结果只能发挥一个“引子”的作用，如何尽可能好地将有吸引力的索引内容展现给用户，是否能吸引用户根据这些简单的信息进入相应的网页继续获取信息，以及该网站/网页是否可以给用户提供给他所期望的信息，这些就是搜索引擎营销所需要研究的主要内容。

（三）搜索引擎营销是用户主导的网络营销方式

没有哪个企业或网站可以强迫或诱导用户的信息检索行为，使用什么搜索引擎、通过搜索引擎检索什么信息完全是由用户自己决定的，在搜索结果中点击哪些网页也取决于用户的判断。因此，搜索引擎营销是由用户所主导的，能最大限度地减少营销活动对用户的骚扰，这一点最符合网络营销的基本思想。

（四）搜索引擎营销可以实现较高程度的定位

网络营销的主要特点之一就是可以对用户行为进行准确分析并实现较高程度的定位，搜索引擎营销在用户定位方面具有更好的功能，尤其是在搜索结果页面的关键词广告，完全可以实现与用户检索所使用的关键词高度相关，从而提高营销信息被关注的程度，最终达到增强网络营销效果的目的。

（五）搜索引擎营销的效果表现为网站访问量的增加而不是直接销售

了解这个特点很重要，因为搜索引擎营销的使命就是获得访问量，至于访问量是否可以最终转化为收益，不是搜索引擎营销可以决定的。这说明，提高网站的访问量是网络营销的主要内容，但不是全部内容。

第二节　搜索引擎营销的基本方式

一、免费登录分类目录

免费登录分类目录是最传统的网站推广手段。由于目前大多数搜索引擎都开始收取费用，免费登录分类目录的营销效果已经不尽如人意，以当前的发展趋势，这种方式已经逐步退出网络营销的舞台。

二、付费登录分类目录

付费登录分类目录是指当网站缴纳相应费用之后才可以获得被收录的资格。固定排名服务是在付费登录基础上展开的。此类模式与网站本身的设计基本无关，主要取决于费用，但其营销效果也存在日益降低的问题。

三、搜索引擎优化

搜索引擎优化（Search Engine Optimization，SEO）是按照一定的规范，通过对网站功能和服务、网站栏目结构、网页布局和网站内容等网站基本要素的合理设计，增加网站对搜索引擎的友好性，使得网站中更多的网页能被搜索引擎收录，同时在搜索引擎中获得较好的排名，从而通过搜索引擎的自然搜索尽可能多地获得潜在用户。搜索引擎优化的着眼点不仅考虑搜索引擎的排名规则，而且更多地考虑到如何为用户获取信息以及服务提供方便，此外，搜索引擎优化还可以细分目标客户群，分析消费者心理，研究他们对关键词的界定，帮助企业在关键词的选择上有的放矢。

搜索引擎优化主要有以下几个基本步骤：

（一）关键词分析

关键词分析也叫关键词定位，这是搜索引擎优化工作中最重要的一个环节，以后的工作都是围绕着你选定的关键词进行的，选择好的关键词能让你获得更多的流量。当然选择关键词的时候并不是搜索的人越多越好，那样的话意味着更多的竞争，要根据公司情况选择符合公司实际情况的关键词。关键词的分析包括：关键词关注度（热度）分析，关键词与网站相关性分析，关键词布置，竞争对手分析。

（二）网站架构分析

要分析自己的网站结构是不是符合搜索引擎蜘蛛的爬行习惯，这就是我们经常说的扁平结构与树形结构，这也是影响搜索引擎优化的一个因素。网站架构分析包括：剔除网络架构不良设计、实现树状目录结构、网络导航与链接优化等。

（三）网站的各个页面优化

很多人对网站进行优化，只对首页进行了大量的优化，使首页获得了很好的排名和较好的 PR（Page Rank，网页级别），但是其他的页面根本没获得好的排名，甚至根本就没被收录。网站的优化要逐个页面进行优化，这样才能达到网站优化的目的。

（四）内容发布和链接布置

搜索引擎喜欢有规律的网站内容更新，所以合理安排网站内容发布日程是搜索引擎优化的重要技巧之一。链接布置则把整个网站有机地串联起来，让搜索引擎明白每个网页的重要性和关键词，实施的参考是第一点的关键词布置。友情链接和站外链接的战役也是这个时候展开。

（五）排名报告和分析

要随时观察搜索引擎的排名，根据排名的变化去调整自己网站的内容。

（六）网站流量分析

网站流量分析是必需的，只有对网站的流量进行分析，才能明白网站在搜索引擎中的重要程度，并且可以从中得到很多技术数据，对网站以后的优化有很大的帮助。

四、关键词竞价排名

竞价排名即网站缴纳费用后才能被搜索引擎收录，费用越高者排名越靠前。竞价排名服务是由客户为自己的网页购买关键词排名，然后按点击计费的一种服务。通过修改每次点击付费价格，用户可以控制自己在特定关键词检索结果中的排名，也可以通过设定不同的关键词捕捉到不同类型的目标访问者。

竞价排名的见效快，只要充值并设置关键词价格后即刻进入搜索引擎排名前列，但 SEO 的效果较慢，一般要三个月以上才能见效。同时竞价排名具有精准投放和关键词无限量等优势。但其同时也存在费用高和有可能被竞争对手和广告公司恶意点击等缺点。

竞价排名和网站优化各有优势，对于预算充足的公司可以先做竞价排名，与此同时进行 SEO，当 SEO 工作结束，排名达到要求后，再停止竞价排名，这样可以顺利过渡，也不会对营销造成影响。

五、固定排名

固定排名是一种收取固定费用的推广方式，企业在搜索引擎购买关键词的固定排位，当用户检索这些关键词信息时，企业的推广内容就会出现在检索结果的固定位置上。这种方式可以避免非理性的关键词价格战，但当某一关键词变成“冷门”时，可能会造成企业资源的浪费。

六、购买关键词广告

此种方式是即在搜索结果页面显示广告内容，实现高级定位投放，用户可以根据需要更换关键词，相当于在不同页面轮换投放广告。关键词广告显示的位置与搜索引擎密切相关，有些出现在检索结果的最前面，有些出现在检索结果页面的专用位置。如图 7 –5 所示。

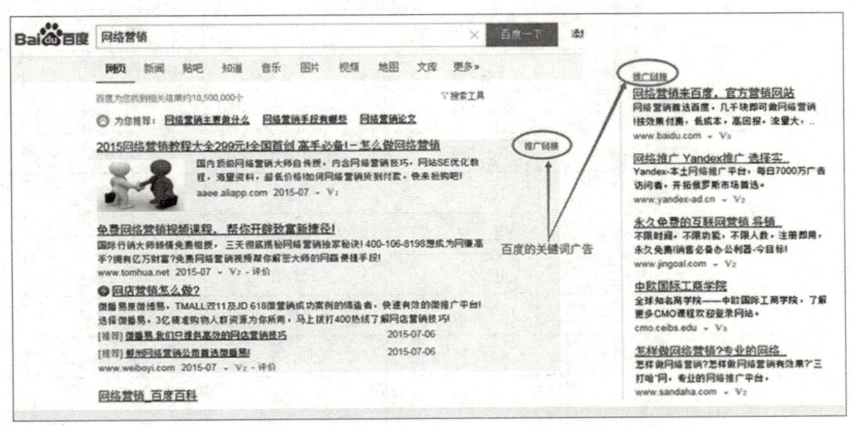

图 7 –5　百度搜索中关键词广告

一个完整的搜索引擎营销过程包括下列五个步骤：企业将信息发布到网站上成为以网页形式存在的信息源；搜索引擎将网站或网页信息收录到索引数据库；用户利用关键词进行检索；检索结果中罗列相关的索引信息及链接统一资源定位符（Uniform Resource Locator，URL）；用户对检索结果进行判断，选择有兴趣的信息并点击 URL 进入信息源所在的网站。这就是企业搜索引擎营销的基本原理，同时也是搜索引擎营销的信息传递过程。

随着搜索引擎技术的不断进步以及互联网用户对搜索引擎依赖程度的不断加深，搜索引擎营销作为一种新型的互联网营销方式近年来得到了快速发展，越来越多地被我国企业作为主要的网络营销手段，并逐步取代传统的营销方式。根据 2018 年 1 月中国互联网络信息中心（CNNIC）发布的第 41 次《中国互联网络发展状况统计报告》统计数据，截至 2017 年 12 月底，我国网民规模达 7.72 亿，普及率达到 55.8%，搜索引擎用户规模达到 6.39 亿，成为仅次于即时通信和网络新闻的第三大网络应用，这说明搜索引擎营销的商业价值得到了我国企业的广泛认可和重视，搜索引擎营销市场具有很大的潜力。如图 7 - 6 所示。

	2017. 12		2016. 12		
应用	用户规模（万）	网民使用率	用户规模（万）	网民使用率	年增长率
即时通信	72023	93. 3%	66628	91. 1%	8. 1%
搜索引擎	63956	82. 8%	60238	82. 4%	6. 2%
网络新闻	64689	83. 8%	61390	84. 0%	5. 4%
网络视频	57892	75. 0%	54455	74. 5%	6. 3%
网络音乐	54809	71. 0%	50313	68. 8%	8. 9%
网上支付	53110	68. 8%	47450	64. 9%	11. 9%
网络购物	53332	69. 1%	46670	63. 8%	14. 3%
网络游戏	44161	57. 2%	41704	57. 0%	5. 9%
网上银行	39911	51. 7%	36552	50. 0%	9. 2%
网络文学	37774	48. 9%	33319	45. 6%	13. 4%
旅行预订	37578	48. 7%	29922	40. 9%	25. 6%
电子邮件	28422	36. 8%	24815	33. 9%	14. 5%
互联网理财	12881	16. 7%	9890	13. 5%	30. 2%
网上炒股或炒基金	6730	8. 7%	6276	8. 6%	7. 2%
微博	31601	40. 9%	27143	37. 1%	16. 4%
地图查询	49247	63. 8%	46166	63. 1%	6. 7%
网上订外卖	34338	44. 5%	20856	28. 5%	64. 6%
在线教育	15518	20. 1%	13764	18. 8%	12. 7%
网约出租车	28651	37. 1%	22463	30. 7%	27. 5%
网约专车或快车	23623	30. 6%	16799	23. 0%	40. 6%
网络直播	42209	54. 7%	34431	47. 1%	22. 6%
共享单车	22078	28. 6%	–	–	–

图 7 - 6　2016 年 12 月—2017 年 12 月中国网民各类互联网应用的使用率

第三节 企业在搜索引擎营销中存在的问题

一、关键词选取不当

很多企业关键词的设置太过于宽泛或太过于精确，没有采用体现网页内容的核心词汇和有效词汇，不仅增加了企业营销的费用，而且还使企业失去了很多潜在顾客。

二、企业网站设计不完善、网页内容与布局不合理

很多企业的网站出现总体规划和栏目规划不合理、导航系统不完善、重要信息不完整、过于追求美观效果导致实用性差等问题，影响企业搜索引擎营销的实施效果。

三、搜索引擎营销载体选择不当，推广方式较单一

很多企业看到搜索引擎的巨大商业价值后，就开始盲目地实施搜索引擎营销，尽可能多地选择搜索引擎营销载体，并没有针对企业自身所面临的目标群体来选择合适的搜索引擎载体。同时，由于企业实力有限，绝大多数企业只是简单地选择登录搜索引擎这种单一的方式来推广网站，搜索引擎营销的实施效果并不显著。

四、搜索引擎营销应用层次较低，不能与企业的其他营销活动有机结合

国内很多企业错误地认为搜索引擎营销是一个独立的营销手段，人为地把搜索引擎营销和企业整个的营销体系分开，更没有上升到战略的高度来应用搜索引擎营销，企业搜索引擎营销的应用尚处于较低层次。

五、恶意点击现象严重，竞价点击率和业务达成率较低

提高客户转换率，将点击率转化为经济效益是企业开展搜索引擎营销的最终目的。而从目前的情况来看，由于我国搜索引擎营销市场缺乏应有的标准和相关法律法规做保障，行业自律性差，市场秩序比较混乱，所以企业之间的“不正当竞争”、恶意点击的现象比较严重，这直接导致点击率和业务达成率的转换率下降。

六、搜索引擎营销实施效果的评估策略匮乏

企业对于在电视、报纸上投放广告的效果评估都有一套完整的评价体系，并且能

够根据评估的效果及时地改进企业的营销策略。但是搜索引擎营销是较为专业的新型营销模式，在国内发展的时间还不长，大多数企业的市场人员对其还不甚了解，所以缺乏相关的评估策略和方法，导致很多企业不知如何准确地评估搜索引擎营销的实施效果。

七、企业缺乏宣传手段，网站访问量较低，很难通过网站达到企业的宣传目的

如果企业营销费用投入不足，投放线上广告很难得以大规模实施，那么企业的网站就很难让用户找到。一旦访问量不足，企业就不能依靠互联网开展活动，这样就很容易造成人财物的浪费。一旦网络营销绩效欠佳，就会致使企业对搜索引擎营销丧失信心，进一步减少线上投入，酿成恶性循环。

八、缺乏搜索引擎营销人才的支撑

据调查，利用互联网进行电子商务或网络营销的企业，有专门的人员来接听电话或接受在线咨询的占48.3%，有独立的网络营销团队的占35.4%，专门针对网络营销定制独立产品线的占23.3%。由此可见，只有少数企业网站处于有网络营销人员投入的状态，搜索引擎营销缺乏必要的人力资源支持。搜索引擎营销效果的好坏，基本上取决于网络营销人员的投入，这就需要企业加强对网络营销搜索引擎营销人员的培训，增强企业的网络营销意识。

九、企业网站建设陷入误区

企业网络建设的误区主要表现在两方面：第一，设计人员盲目追求网站页面的美观，进而忽略网站的实用性。例如一些网络条件不好的小企业，因为设计过多的Flash、网站图片、代码等进而影响网站的访问速度。据调查，访问者偏好在三次点击内找到自己想要的信息，虚有其表的网页往往会影响访问者的体验，减少访问——用户转化率。第二，很多企业并没有有效开发网站的销售与电子商务功能，只是把网站当作一个品牌形象展示工具。因为缺少有效的线上产品销售、客户交互以及客户服务，造成了网站的虚设，不能有效地促进交易的达成。

十、企业网站利用水准低下

通过企业网站更新频率的调查可以得出，只有少部分企业将网站作为信息发布的重要阵地，很多企业网站都处于半中断状态。

第四节　搜索引擎的完善策略

一、关键词选取和分类策略

企业要全方位、多角度地选择关键词，并且要为每个关键词确定目标，决定匹配类型，突出企业的核心业务和核心竞争力。同时，企业要根据不同的营销内容制定相应的关键词策略，包括考虑公司和产品的定位购买适量的关键词，灵活设置与适时调整关键词，反映客户的搜索意图，从而准确地定位目标客户，提升消费者信息搜寻体验的满意度。企业可以从过去的搜索引擎投放数据中分析出关键词的点击量、点击率、点击成本以及访问到页面的转化率等，然后通过关键词的优化、组合等方式来考虑关键词的选取。企业可以通过查看竞争对手的网页来观察其关键词的设置，帮助选择恰当的关键词。在关键词的名单确认以后企业还需要分析关键词的有效性，把关键词按照优先等级进行分类。

二、页面关键词优化

企业在网站首页标题中要设置与公司所提供服务或产品相关的关键词，尽量避免使用宽泛或通用的词语，要采用体现该网页内容的核心词汇。而且，企业在设置关键词的时候要把握模糊度与精确度适中的原则，保证搜索引擎能够准确方便地检索到企业的相关信息。企业网站的内容和总体结构是影响客户访问体验的两个重要因素，因此，企业要做好以下几点：设置丰富且有效的关键词来凸显网站的核心内容，做好网站栏目结构规划和导航系统规划，合理设计网页标题和布局，避免长文本页面，慎用声音，由此形成高效简洁的页面，提高搜索引擎的友好性，改善用户体验，从而提升企业网站在自然搜索中的排名。

三、选择适合企业发展的搜索引擎载体

不同的搜索引擎载体有着不同的特点和优势，因此，企业除了选择百度和谷歌等综合性搜索引擎之外，还应该根据企业自身发展的需求、潜在客户的特征等因素考虑其他合适的搜索引擎载体。进行网站合作推广，交换链接与交换广告是网站合作推广

最常用的两种方式。其一，企业可以通过登录高质量的分类目录网站或者与合作伙伴之间进行网站交换链接来提高网站的外部链接数量、链接广度和链接质量，从而获得更多的访问量，提高企业在行业内的认知度、认可度以及在搜索引擎中的排名；其二，企业还可以与互补性的网站交换广告，利用对方的网络流量来获得新的访问人群。

四、搜索引擎“4P”营销组合策略

美国营销大师麦卡锡教授在20世纪60年代提出4P营销组合策略，即产品（Product）、价格（Price）、渠道（Place）和促销（Promotion）。他认为一次成功和完整的市场营销活动，意味着以适当的产品、适当的价格、适当的渠道和适当的传播促销推广手段，将适当的产品和服务投放到特定市场的行为。

（一）搜索引擎营销产品策略

产品策略是4P市场营销组合的核心，是价格策略、渠道策略和促销策略的基础。一个网站能否留住访客或者用户关键在于其内容和服务，所以网站内容和服务应成为网站的重中之重。搜索引擎优化方面的专业人士也是不断强调内容，然而要做到使访客满意以致不断回访却并不容易。搜索引擎营销产品策略对目标客户极为重视，全面分析其需求、心理、欲望等以期达到最好的营销效果。因此，产品策略是企业市场营销活动的支柱和基石。

（二）搜索引擎营销价格策略

企业应该能够根据搜索引擎营销的目的、时间、变动成本、市场供需的状况以及竞争对手的报价适时地对公司产品和服务的价格进行调整。

（三）搜索引擎营销渠道策略

为了吸引消费者关注本企业的产品和服务，企业的搜索引擎营销渠道应该本着方便消费者的原则，联合本企业的产品和其他企业的相关产品和服务进行产品的外延，进而刺激消费者进行购买。同时，企业还应该建立消费者与企业的交流平台，保持企业信息的畅通，这样企业可以在公司网站上及时地发布新产品信息、促销信息以及公司的最新动态等，通过提供更多的产品信息、客户服务信息来满足消费者的需求，提高销售的可能性。

（四）搜索引擎营销促销策略

搜索引擎营销促销策略包括推式促销策略和拉式促销策略。推式促销策略就是企业的搜索引擎营销人员通过免费注册搜索引擎、交换链接、关键字广告、关键词竞价排名、网页内容定位广告等方式使企业的网站网址被各大搜索引擎收录到各自的索引数据库中；拉式促销策略就是企业的搜索引擎营销人员通过搜索引擎搜索企业外部的信息，包括企业竞争对手的情报、消费市场的市场信息以及消费者自身的信息，并且对这些信息进行整理与分析来判断出企业网站在同类网站中的竞争地位，发现企业自身的优势与不足，并提出改进措施，提升企业搜索引擎营销的实施效果。

五、搜索引擎营销效果评估策略

对企业搜索引擎营销的效果进行评估是有效实施搜索引擎营销策略的重要保障。企业可以通过对搜索引擎营销的过程以及实施效果保持紧密的跟踪和反馈，不断地改进搜索引擎营销策略，优化用户体验，进而提高点击率和业务达成率的转换率。

六、合理搭配竞价排名与 SEO

据研究报告显示，用户对付费的竞价排名推广具有排斥心理，更愿意接受自然排名比较好的网站。在搜索引擎领域，中国用户比国外用户更加关注自然排名，并且前十的搜索结果更受中国用户欢迎，相比之下，中国用户却很少关注右侧竞价排名广告。由于企业之间的不断竞争，竞价排名费用也在不断增加，企业的成本也被迫大幅度提高。因此，资金匮乏的企业更倾向于 SEO，因为 SEO 比竞价排名更加经济实惠。资金较为充裕的企业可以并行运用 SEO 和竞价排名来实施搜索引擎营销，这样不仅能比单一的广告投放取得更好的营销效果还能降低企业的成本。企业在实施关键字营销的时候，必须要考虑到效果与用户转化率，确确实实提高搜索引擎营销的效益，杜绝盲目跟风。

七、切实重视网站内容

搜索引擎的作用只是引导客户，企业能不能与客户达成交易，关键还是要看网站的内容。网站建设要秉承“内容为王”这一原则。营销者的网站上提供的内容都是独特且有价值的，能切实满足潜在购买者某方面的需求，能将产品价值中肯地表达出来，这样的内容往往能获得潜在用户的支持和信任，最终为促进销售加分。

八、加强潜在用户跟踪

研究发现，首次进入企业网站就与企业达成交易的用户很少，而用户在第 4 至第 11 次跟踪后达成交易的占 80% 销售额。企业还需要在用户进入网站后与客户进行后续的沟通，尽量留下用户的联系方式，并在以后的时间里积极与用户联系，不断地提升用户的转化率。

第五节　百度推广步骤

一、进入后台登录页

首先要进入后台登录页面，可以在百度推广官方网站的“客户登录”口进入后台登录页，也可以把这个页面收藏起来，下次直接点收藏夹打开，当然能够记住登录域名的，也可以直接输入网站进入百度后台登录页。如图 7－7 所示。

图 7－7

二、进入搜索推广

进入百度推广首页，点击“搜索推广”进入百度搜索推广首页。如图 7－8 所示。

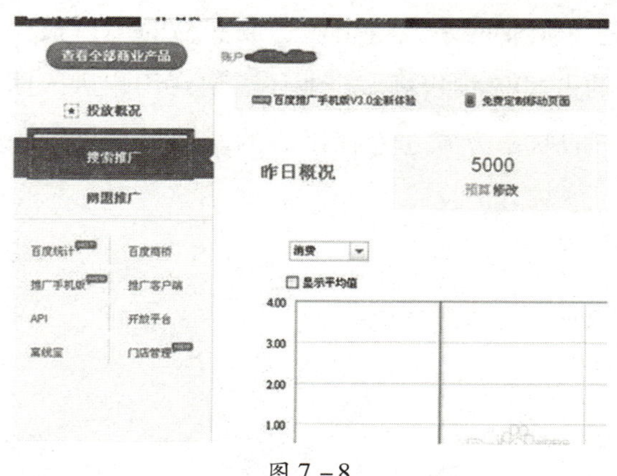

图 7－8

三、了解账号结构

点击“推广管理”进入搜索推广操作页，这时可以简单了解一下操作页面的账号结构，查看各个层级都包含哪些因素和设置。如图 7－9 所示。

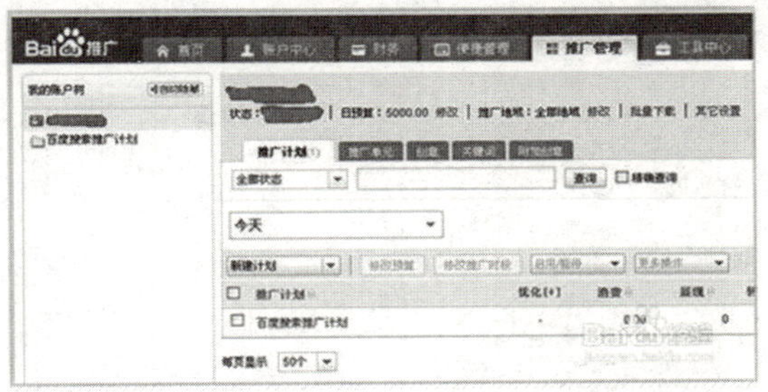

图 7－9

四、搭建推广计划

了解账号结构后，就要开始第 1 步，搭建推广计划，其中一个推广账号最多可以搭建 100 个推广计划，可以根据自己公司的业务、推广的产品、公司的特质进行推广计划的命名，比如：品牌词、通用词、业务词、核心词、人群词、活动词、重点词、竞品词等。如图 7－10 所示。

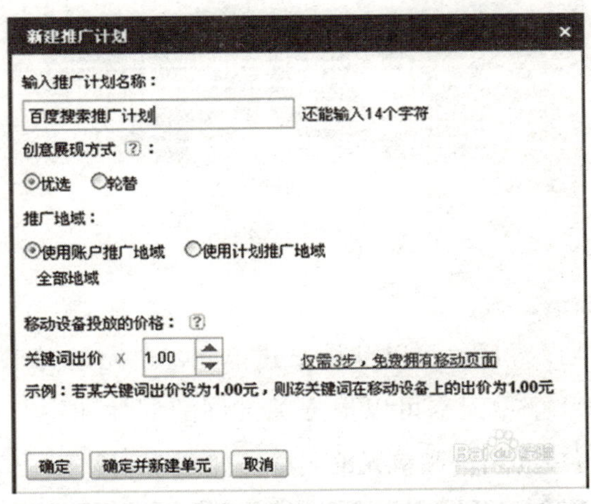

图 7－10

五、设置推广地域

根据推广的产品和公司所要覆盖的目标地区，进行推广地域的设置，目前已经精确到地级市，对于筛选客户和广告投放来说，会更加精准。如图 7－11 所示。

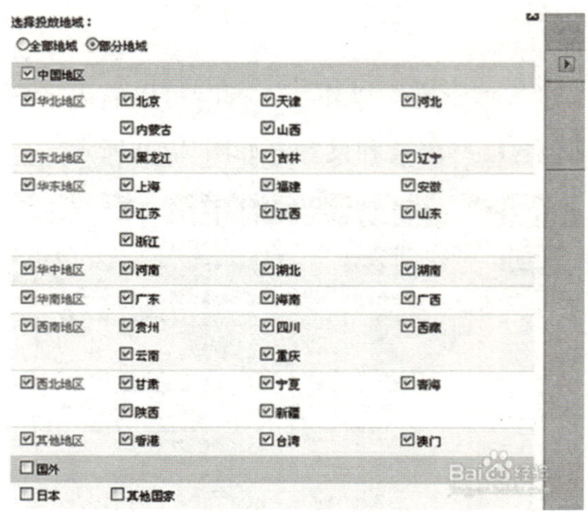

图 7－11

六、设置推广时段

根据业务推广性质和客服上班时间灵活设置投放时段，可以只在工作日投放，也可以只在周末投放，还可以进行 0—24 小时自定义的选择投放，非常方便。如图 7－12 所示。

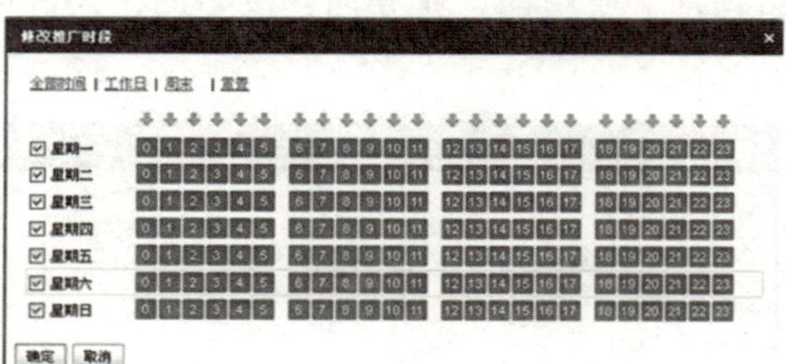

图 7－12

七、搭建单元

搭建完计划和其他设置后，可以开始新建单元，单元是属于计划的一部分，其中一个计划可以创建 1000 个单元，可以根据关键词的词性和主营业务，进行单元的命名，在单元中可以设置单元出价和单元的名称。如图 7－13 所示。

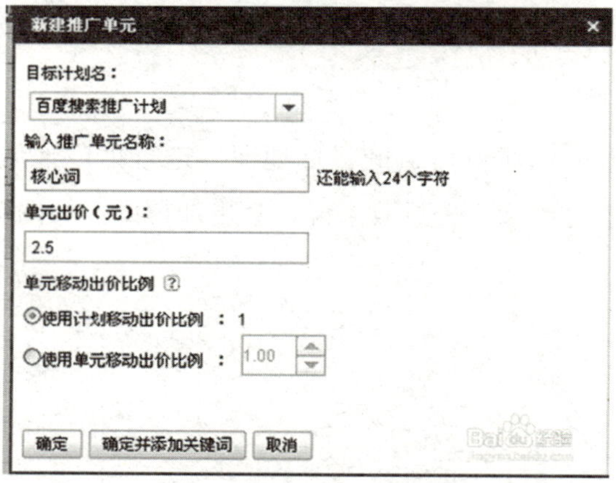

图 7－13

八、新建创意

在创建完单元之后，就要开始写创意了，创意也就是我们平时在百度搜索中看到的广告，里面有标题，有描述，有显示 URL，其中标题不能超过 25 个汉字，描述 1、描述 2 也不能超过 40 个汉字，可以根据推广需要在创意标题和描述中加入通配符或断句符。如图 7－14 所示。

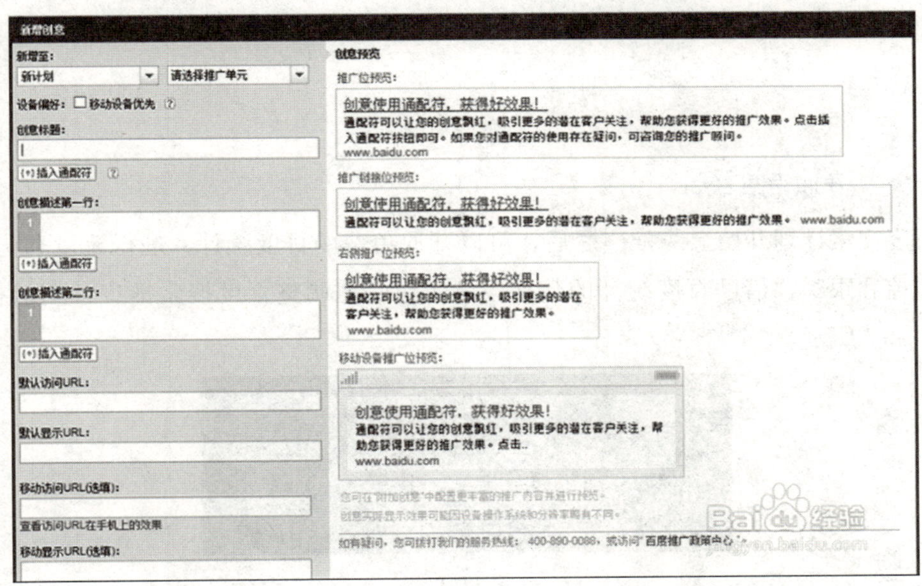

图 7－14

九、附加创意

附加创意是普通创意的补充，可以让广告创意更加吸引人或者给搜索用户提供更多的信息，其中包含蹊径子链、推广电话、APP 推广、商桥移动咨询和网页回呼等。如图 7－15 所示。

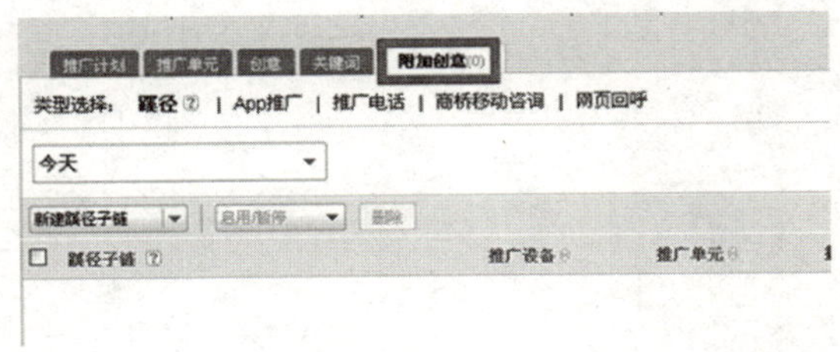

图 7－15

十、添加关键词

这是最关键的一个操作，如果账号中没有关键词，创意是无法展现的，推广计划也是不生效的，所以关键词的添加非常关键，可以借助后台的关键词添加工具，进行搜索和人工添加，也可以根据主营业务进行人为的添加。如图 7－16 所示。

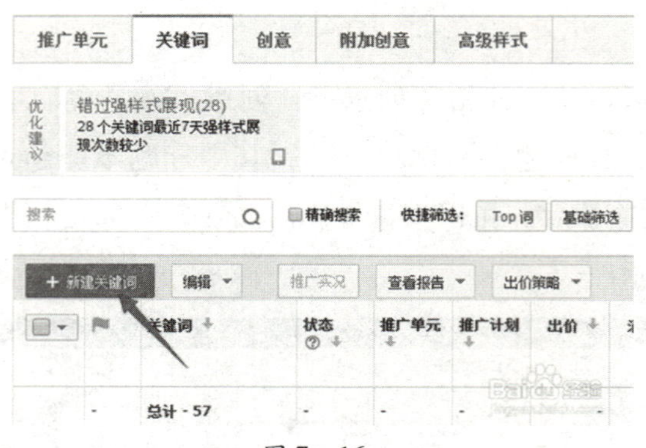

图 7 – 16

十一、开通百度统计

百度搜索计划开始上线推广之后，可以开通免费的百度统计，进行流量和访客行为的监控和跟踪，借助百度统计的数据，又能很好地调整百度搜索推广计划的投放。如图 7 – 17 所示。

图 7 – 17

本章小结

1. 搜索引擎是指根据一定的策略，运用特定的计算机程序从互联网上搜集信息，在对信息进行组织和处理后，为用户提供检索服务，将用户检索相关的信息展示给用户的系统。

2. 搜索引擎的工作原理：爬行、抓取存储、建立索引、排名。

3. 搜索引擎营销是基于搜索平台的网络营销，利用网民对搜索引擎的依赖和使用习惯，在检索信息的时候尽可能地将营销信息传递给目标客户。搜索引擎营销的基本模式主要包括：免费登录分类目录、搜索引擎优化、收费登录分类目录、关键词广告、关键词竞价排名、网页内容定位广告等。

4. 搜索引擎营销的特点：搜索引擎营销方法与企业网站密不可分；搜索引擎传递的信息只发挥向导作用；搜索引擎营销是用户主导的网络营销方式；搜索引擎营销可以实现较高程度的定位；搜索引擎营销的效果表现为网站访问量的增加而不是直接销售。

5. 搜索引擎营销的基本方式：免费登录分类目录、付费登录分类目录、搜索引擎优化、关键词竞价排名、固定排名、购买关键词广告。

6. 企业在搜索引擎营销中存在的问题：关键词选取不当；企业网站设计不完善；搜索引擎营销载体选择不当，推广方式较单一；搜索引擎营销应用层次较低；恶意点击现象严重；搜索引擎营销实施效果的评估策略匮乏；企业缺乏宣传手段，网站访问量较低；缺乏搜索引擎营销人才的支撑；企业网站建设陷入误区；企业网站利用水准低下。

7. 搜索引擎的完善策略：关键词选取和分类策略、页面关键词优化、选择适合企业发展的搜索引擎载体、搜索引擎“4 P”营销组合策略、搜索引擎营销效果评估策略、合理搭配竞价排名与SEO、切实重视网站内容、加强潜在用户跟踪。

8. 百度推广步骤：进入后台登录页、进入搜索推广、了解账号结构、搭建推广计划、设置推广地域、设置推广时段、搭建单元、新建创意、附加创意、添加关键词、开通百度统计。

复习思考题

一、简答题

1. 简述搜索引擎的工作原理。
2. 简述搜索引擎以及搜索引擎营销的基本概念。
3. 简述目前国内流行的搜索引擎。
4. 简述搜索引擎营销对企业发展的促进作用。

二、案例分析题

摩托罗拉网络的搜索引擎营销

摩托罗拉在推广自己的手机产品时，就曾经采取搜索引擎营销的策略。2005 年，摩托罗拉聘请了著名的搞怪组合“后舍男生”参与自己的一项营销活动。“后舍男生”自 2005 年走红网络以来，在青少年群体中颇具知名度。在百度搜索中输入“后舍男生”，相关网页多达两三百万篇。而“MOTO 玩转音乐大赛、搞怪音乐、玩转 MOTO”的“口型我秀”活动，其目标群体与“后舍男生”的喜爱群体具有很高的重合度。

据统计，摩托罗拉网站的访问量仅一个月时间就达到了 1400 万。事后调查结果显示，24% 的人能回忆起 MOTO MP3 的功能，MOTO 有趣的属性提升到 18%，手机销量三个月内增加了 270%。

具体的做法分为三个方面：

（一）紧扣时事热点，精准营销

摩托罗拉在营销策划中很自然地就将“后舍男生”与 MOTO 紧密联系起来。搜索“后舍男生”的网民必然对“后舍男生”感兴趣或者有好奇心，而随之链接到摩托罗拉营销活动的页面，这样就很容易在目标群体中扩大 MOTO 的宣传力度，促使网友们参与活动，增强活动效应。

（二）推广创新

进行概念式推广，促使形成各媒体焦点报道的新闻和形成受众高关注。“后舍男生”在一周内就成为百度百科的词条，形成媒体关注的制高点，在人们对于“后舍男生”的存在争论不休的时候，潜移默化地将“摩托罗拉”的信息扩展开来，形成一种良性互动传播。经过一个多月的推广，“摩托罗拉”无论是在网民认知度上还是口碑上都得到了极高的提升。

（三）整合资源，善用搜索引擎

搜索引擎营销的增长已经成为全球趋势，中国搜索引擎营销市场的增长率也超过了100%。仅在2009年上半年，尽管受到了季节性影响以及经济环境不确定性的挑战，中国搜索引擎的广告营业收入总额仍然高达293亿元。

思考：

1. 搜索引擎营销的步骤有哪些？
2. 摩托罗拉的搜索引擎营销对其他企业发展的启示。

第八章 网络视频营销

【学习目标】

☆掌握网络视频营销的概念和特点

☆了解网络视频用户分析过程

☆了解网络视频营销的推广方法

☆掌握网络视频营销的策略和模式

☆应用网络视频开展营销活动

☆培养良好的审美观和艺术鉴赏能力

☆加深对网络视频营销的认识

【关键概念】

网络视频营销

【引导案例】

vivo 陪你快·乐回家

2016 年猴年春节来临之前，各大品牌使出浑身解数——过年营销！猴年春节，很多厂家也制作了各种新年的视频来推广品牌。在这些视频中，有走搞笑路线的，有走温情路线的，有卖情怀的，有赚眼泪的。

vivo 的营销视频从一个在外打拼事业的年轻人开始，唤醒你的记忆，从离家到回家，伴随着一点点成长的过程。故事虽然简单，但却处处充满回忆，让人看完不禁陷入沉思。(图 8－1 为部分视频截图)。

图 8-1　vivo 陪你快·乐回家截图

vivo 这次的营销视频，主要是在社交平台推广。朋友圈、空间可谓是亲朋好友的聚集地，在社交平台推广，关于一代人的成长，不仅年轻人自己认同，父辈看完也会被唤起回忆，在这点上导演阐述得非常清晰。

关于回家的主题其实也有不少营销案例，但是这次 vivo 独辟蹊径，从一个“快”字出发，表达了虽然曾经想要快一点走到下一站，但是当真正走出家门后，又会对童年的快乐无比思念。

现在大城市生活节奏快，在外打拼的年轻人感受尤为强烈。每天朝九晚五，为着自己的事业、学业奋斗。将要回家过年，心中不免泛起对亲人的思念，对小时候无忧无虑生活的向往。vivo 紧抓年轻人这种心理，传递“有家，快才有意义”的理念，在情感上，引起所有人的共鸣，可谓是一次“走心”的视频营销。

vivo 多平台投放了此支视频，在腾讯视频、优酷、秒拍、美拍等平台都产生了良好的反响和转发，上线不到一周便已产生了将近 2500 万次播放。除了视频平台以外，vivo 投放的朋友圈广告、QQ 空间信息流广告也形成大规模曝光，据悉，仅视频发布当日的曝光量就达到数亿次。

vivo 这次的视频虽然没有明星也不搞怪，却在朋友圈引起了大量用户转发，说明引起了很多用户的共鸣。在评论区，大家都是在说真心话，由此可见越是年关越思乡，越是游子越思亲，vivo 这个泪点抓得妙。

第一节　网络视频营销的定义

一、网络视频营销的兴起

美国市场调研机构 eMarketer 的分析师大卫·赫尔曼（David Hallerman）指出："在2010年之前，每10美元的互联网广告投放中就将有1美元分流给视频广告。"另一份关于网络视频的研究报告表明，2006年美国网络视频广告的市场规模已经达到4.1亿美元。

赫赫有名的美国互联网研究机构 PiperJaffray 的分析师萨法·拉什奇（Safa Rashtchy）指出，视频广告将是网络广告的主要动力。

在中国，DCCI（Data Center of China Internet，简称 DCCI）互联网数据中心发布的《Netguide2008 中国互联网调查报告》显示，2008年或将成为视频分享网站的一道分水岭，大浪淘沙过后，视频分享网站将迎来2008年度这个网络视频的营销年。

二、网络视频营销的概念

网络视频营销指的是企业将各种视频短片以各种形式放到互联网上，达到一定宣传目的的营销手段。

网络视频营销是"视频"与"互联网"的结合，这种创新的营销形式具备了两者的优点，一是具有电视短片的种种特征，例如感染力强、形式内容多样、创意新颖等，二是具有互联网营销的优势，例如互动性强、主动传播性强、传播速度快、成本低廉等。可以说，网络视频营销是将电视广告与互联网营销两者"宠爱"集于一身。

第二节 网络视频营销的特点

一、成本低廉

表 8-1 电视广告与网络视频的成本比较

电视广告	网络视频短片
几十万甚至上千万	几千块钱，免费放到视频网站上进行传播

根据 Burst Media 公司完成的研究结果表明，56.3% 的在线视频观众可以记起视频里的广告内容。

二、目标精准

网络视频营销能够比较精准地找到企业想找的那群潜在消费者。

在网络上有着相同视频兴趣倾向的网民的集合，称“群（Group）”。如 YouTube 通过目标锁定识别特定受众群，并通过有效的可行途径影响他们，发掘、培养他们的兴趣点。令人感兴趣的内容能吸引受众，而受众的不断支持、回复、上传又能产生良好的内容。一传一受的交互方式，促进了群组织的形成。

广告商在特定的群投放产品，例如广告商在汽车群投放视频广告，或者在这个群征集作品，就能取得不错的效果。

衡量一家视频网站价值高低的因素比衡量一家传统媒体要丰富广泛得多，许多因素共同发挥作用来决定网络视频公司的价值高低。

三、互动 + 主动

（一）视频营销具有互动性

视频网站的编者和读者之间可以相互回复。用户利用文字视频可新建对发布者的回复，也可以就回复进行回复，另外，观看者的回复也为该节目造势，有较高争议率的节目点击率也往往高调飙升。

与此同时，网友还会把他们认为有趣的节目转贴在自己博客或者其他论坛中，让视频广告进行主动性的“病毒式传播”，让宣传片大范围传播出去，而不费企业任何推广费用和精力。

（二）视频感染力强，引起网友的主动传播性也更强

2006 年 11 月，一支叫作“如何在 YouTube 上现眼”的视频在两天内吸引到了 40 万的观看次数。视频中，顶着鸟窝头的年轻人在镜头前完成了各种各样悲剧性的演出，似乎命运在任何时候都与他作对。在看热闹的心态趋势下，网民们把这段视频“点”上了排行榜的第一名，并且传播到各大网站中。虽然这段视频看起来简单而粗糙，像极了“家庭滑稽录像”里的作品。不过，在视频结束后，观众会在页面上发现这其实是松下“不可否认的电视”（Undeniable TV）的活动广告。这个活动让人们用视频“描述某件不可否认的事情”，获胜者将会获得一台液晶电视和手持摄像机。最终，这个活动吸引到了十几万人参与其中，取得了非常好的效果。

四、传播速度快

美国弗吉尼亚州的共和党参议员候选人乔治·艾伦在一次演讲中发现台下有一名印度裔的听众，结果他无意之间称呼这位听众为“非洲短尾猿”，这种说法带有很强的种族歧视色彩，这段视频被传到 YouTube 上，在非常短的时间被愤怒的网民们复制粘贴、快速传播，导致艾伦的名声在几个月的时间快速下降，最终落选。

五、效果可测

点击、转载、评论等种种数字让企业视频营销的每一笔费用都可以找出花在了哪里。收集网友的评论，也可以总结这次视频广告的得失，大大提高效果监测率。

第三节　网络视频用户及视频网站行业分析

第 39 次《中国互联网络发展状况统计报告》提供数据显示，截至 2017 年 12 月，网络视频用户规模达 5.79 亿，较 2016 年年底增加 3437 万，占网民总体的 75%。据中商产业研究院整理，2011—2017 年中国网络视频用户规模快速发展，用户规模增加了 2.54 亿人。

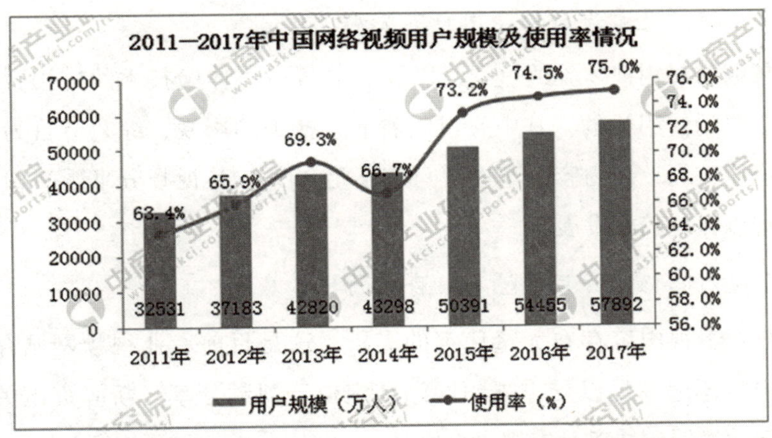

图 8-2　2011—2017 年中国网络视频用户规模及使用率情况

2017 年网络视频行业保持良性发展，用户付费能力明显提升。调查数据显示，2017 年国内网络视频用户付费比例达到 42.9%，相比 2016 年增长 7.4 个百分点，且用户满意度达到 55.8%，预计未来仍将保持较高速的增长趋势。从行业自身发展来看，网络视频行业移动化、精品化、生态化进程在 2017 年得到持续推进。

一、在线视频用户特点

（一）30 岁以下、高学历人群为主要视频群体

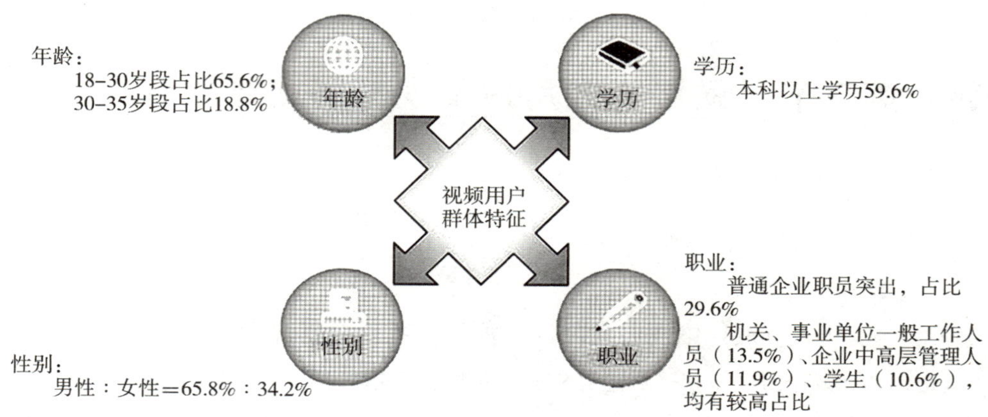

图 8－3　在线视频用户群体特征

（二）在线观看是主流，分享用户不足两成

随着视频网站对用户体验的重视，以及 P2P 等改善体验技术的应用，在线收看是视频网民最主要的使用目的，其中又以收看非直播类的影视、综艺节目为主。下载已是非主要的应用，而上传内容分享用户只有不足 20%。各视频分享网站如果仍以分享为主要定位难以保持较好发展。

（三）影视内容仍是视频网站目前存在的核心基础

视频用户对影视内容存在大量稳定的需求，这是目前专业视频网站存在的基础。网友原创类内容还远不足以支撑视频网站纯定位于视频分享。新闻资讯关注度不高，视频网站新闻化发展还缺乏足够用户支撑。

二、视频网站行业竞争格局

（一）视频网站行业已进入到相对成熟的发展阶段

伴随国内互联网视频行业逐渐走向整合以及各大门户网站发力网络视频业务，互联网视频行业的竞争格局已经基本显现。中投顾问发布的《2016—2020 年中国网络视频行业投资分析及前景预测报告》认为，领先者包括优酷土豆、爱奇艺 PPS、搜狐视频、腾讯视频、乐视；创新者包括 PPTV、暴风影音、芒果 TV 等；补缺者包括凤凰视频、百度视频、新浪视频、风行网、酷 6、哔哩哔哩等。

（二）网剧的付费市场规模急速增长

2017 年初进行的大规模用户调查显示，50% 以上的观众愿意为网剧和网络综艺付

费，成为视频网站会员，而29%的观众愿意为网络大电影单次点播付费观看。

（三）网络直播打赏模式异军突起，拉动了整体市场规模的增长

2017年，中国网络直播用户规模达4.22亿人，产业市场规模近400亿元，成为仅次于游戏用户付费的产业。短视频产业也实现迅猛增长，用户规模突破4.1亿人，同比增长115%。短视频市场用户流量与广告价值爆发，预计2020年短视频市场规模将超350亿元。

（四）内容全面、分类清晰及播放体验是影响用户选择网站的最主要因素

由于用户习惯于在多家网站查询内容，因此网站内容分类是否清楚，查找是否方便，内容是否丰富、全面成为用户首选视频网站的最关键因素，这也是视频网站留住用户的根本所在。其次，与用户观赏体验直接相关的画面播放质量和下载速度也是用户关注的重要因素。

第四节　网络视频营销策略

一、网民自创策略

网民的创造性是无穷的，在视频网站，网民们不再被动接收各类信息，而是能自制短片，上传并和别人分享。除浏览和上传之外，网民还可以通过回帖就某个视频发表己见，并给它评分。因此，企业完全可以把广告片以及一些与品牌相关的元素、新产品信息等放到视频平台上来吸引网民的参与。

二、病毒营销策略

视频营销的优势在于传播精准，让关注者变为传播分享者，而被传播对象势必是有着和他一样特征兴趣的人，这一系列的过程就是在目标消费者之间进行精准筛选传播。

网民看到一些经典的、有趣的、轻松的视频总是愿意主动去传播，通过受众主动自发地传播企业品牌信息，视频就会带着企业的信息像病毒一样在互联网上扩散。病毒营销的关键在于企业需要有好的、有价值的视频内容，然后寻找到一些易感人群或者意见领袖帮助传播。

三、事件营销策略

事件营销一直是线下活动的热点，国内很多品牌都依靠事件营销取得了成功，其实，策划有影响力的事件，编制一个有意思的故事，将这个事件拍摄成视频，也是一种非常好的方式，而且，有事件内容的视频更容易被网民传播，将事件营销思路放到视频营销上将会开辟出新的营销价值。

四、整合传播策略

由于每一个用户的媒介和互联网接触行为习惯不同，这使得单一的视频传播很难有好的效果。因此，视频营销首先需要在公司的网站上开辟专区，同时在论坛、SNS 社区等人群集中地推广，从而吸引目标客户的关注，其次应该跟主流的门户、视频网站合作，提升视频的影响力。对于互联网的用户来说，线下活动和线下参与也是重要的一部分，因此可通过互联网上的视频营销，整合线下的活动、线下的媒体等进行品牌传播。

第五节　网络视频营销模式

一、视频贴片广告

视频贴片广告即在视频的片头或片尾插播的与视频无关的广告内容，时长与传统电视广告相似。视频贴片广告和普通的网页广告一样，拥有链接功能，点击广告后将会弹出广告主页面，使受众对广告中所宣传的商品或服务有更多的了解，这无疑是网络技术在传统电视广告上的利用和延伸。网友轻点鼠标就能快进快退，且可以轻松复制粘贴。

二、视频病毒营销

好的视频广告进行无成本的互联网广泛传播，视频内容本身要十分诱人，消费者不但不反感，反倒愿意免费为它“打工”——将它传递给周围的朋友。

找到适合品牌诉求的“病毒”，需要做的是在进行视频创意时尽力使广告更加“贴地气”“可乐化”“软性化”，更好地吸引消费者眼球。

一个成功的病毒网络视频广告包含：品牌信息元素和病毒性元素。

视频病毒营销一般可分为四类：

（一）娱乐病毒

如2005年网络视频《一个馒头引发的血案》，陈凯歌导演怒了，地点在柏林。他为什么怒了？因为一位叫胡戈的网友恶搞了他的《无极》，做了一个短片，名字叫《一个馒头引发的血案》，开启了娱乐搞笑狂潮。

通过这个短片，很多看完《无极》却满头雾水的观众终于深刻领会了剧情，大批没有看过《无极》的观众产生了看电影的冲动。在网络上，《一个馒头引发的血案》的下载率甚至远远高于《无极》本身。于是，陈导怒了。

（二）猎奇病毒

猎奇病毒指能够满足大众的猎奇心理的视频，有卖点和看点的各种古怪奇特的事情或者吸人眼球的片段。如一个叫汤姆的白发中年人，把所有能够想到的玩意儿都塞进了桌上的搅拌机里——扑克、火柴、灯泡，甚至还有手机、大理石和高尔夫球杆之类的匪夷所思的实验品。

（三）暴力和恐怖病毒

根据受众心理分析，暴力和恐怖这种强烈刺激性的元素，会对用户产生强大冲击，是吸引用户的有力病毒。如全球点击率最高的十大网络短片中，就有《闪灵》和《炸鲸》片段。《闪灵》片段由恐怖大师史蒂芬·金的经典恐怖片《闪灵》剪辑而成。

需要注意的是：暴力病毒、恐怖病毒属于负面性元素，设计网络视频广告时需要考虑到与品牌信息结合的问题，运用有一定的难度。

（四）热点病毒

互联网上总是爆出一些牵动人的热点，20%的热点抢占了80%的眼球。创作视频的时候，巧搭现有热点的顺风车，就能轻松上位。

三、UGC模式

UGC（User Generated Content）即用户原创内容，也就是用户生成内容的意思。

如优酷网、土豆网、56网等，这类网站以视频的上传和分享为中心，它也存在好友关系，但相对于好友网络，这种关系很弱，更多的是通过共同喜好而结合。

电影《婚礼傲客》在推广中就采用互动视频的先进技术，影迷可以将自己的照片贴到《婚礼傲客》的剧照上。网友共设计了20万张《婚礼傲客》的个性互动广告。用户设计的广告的点击量是300万次，是网站专业人员设计广告的3.3倍。

四、视频互动

视频互动指通过在线多人以视频形式进行聊天、表演、唱歌、教学等在同一个网络视频环境下进行的交流模式。

第六节 网络视频营销推广方法

一、利用搜索引擎进行推广

搜索引擎是互联网的一大有力枢纽，它拉近了企业、个体与客户之间的距离，越来越多的企业和个人都通过搜索引擎来寻找新客户，利用搜索引擎广告或者通过搜索引擎优化工作，使自己的网站、网店在搜索引擎中的排名靠前，使得网站更容易被客户发现并浏览，最后完成交易。搜索引擎广告一般有固定付费和竞价排名两种。固定付费是按年或月为单位，对固定的广告位或固定移动范围的广告位支付费用；竞价排名则是根据对企业所选关键词出价的高低，对其网站进行排名，出价越高排名越靠前，并按点击收费。

二、利用博客进行推广

博客（blog），也就是网络日志，现在的博客已经超越了简单日志的内涵，越来越多的人通过写博客来达到销售的目的。互动是博客的核心，且博客有很强的身份识别性，不同的博客针对不同的目标群体，有利于实现精准营销。当然，博客的效果随着各新型平台的出现，慢慢地出现疲态，如何实现博客良好的推广效果，跟博文的含金量、博主的受关注程度等息息相关，多与粉丝们互动是关键。

三、利用论坛进行推广

早期网络的普及推动了论坛的迅猛发展，几乎每个门户网站都设有论坛，中国互联网论坛的总数超过 130 万个，位居全球第一。论坛强调的是互动性，有共同爱好和需求的网友们可以在论坛里就感兴趣的主题进行交流探讨。相对于商业媒体而言，论坛可以说是网民心中的一处“净土”。利用论坛推广时，首先，要根据企业性质，选择合适的、人气比较旺的，且与自己推广主题相符的论坛。其次，能否准确表达，关键在于帖子的设计，可以利用头像和签名档适当进行宣传，也可以把博客中的文章转载到论坛里发布，并插入自己网站的超链接，多尝试，不断突破。第三，要及时地顶帖，使帖子始终处于论坛的首页。维护帖子时，适当制造话题，引起争议，把帖子炒热，引起关注。

四、利用“病毒”进行自动推广

这里说的“病毒”不是指传播恶意的病毒，而是指发布有用、新奇、有趣、好玩，且与推广内容相关的信息，引起目标客户的兴趣，进而主动进行传播，借助大众的力量，通过人际网络，让信息像病毒一样扩散，从而实现推广信息快速广泛传播的目的。首先，要创建易于传播、有吸引力，且能与推广内容有效结合起来的“病毒”。其次，锁定目标人群，找到传播“病毒”的高效媒体（如好的社区、论坛、视频站等），通过他们把“病毒”进行更广泛的传播。这种推广方法实施难度较大，但若能成功，效果绝对不可小觑。

五、软文推广

软文推广可谓是网络推广中不可或缺的工具之一，在一个流量比较大的平台上面进行软文的营销是现在非常流行的做法。它的优点是操作方便，在众多网站投稿都是免费的，但对软文要求质量较高，如果“软性化”广告特性明显可能会被拒稿。它的缺点就是软文质量的高低对推广效果有直接影响。

六、利用网络新闻和网络事件进行推广

目前，网络新闻已然成为网民获取新闻的一种重要形式。它是基于互联网，以互联网为传播媒介的新闻。如果能很好地利用这块资源，不但可以提升品牌知名度，还能吸引主体客户。另外，也可以在重大节日或者活动期间，邀请各大知名媒体和记者前来采访，然后通过高流量的媒体平台进行新闻宣传，这样做不仅能提升曝光率，还能实现很好的营销目的。

七、利用问答类网络进行推广

问答类网站（知乎、百度知道）具有极强的互动性，可快速传播信息。作为重要的网络推广方式之一不得不提，问答类网站推广属于口碑推广的手段之一。利用问答类网站，结合 SEO 的技巧，抛出用户关心的问题并进行解答，植入相关的信息。其一般具有高权重，收录快，排名好等特点，也确实是一个较好的推广方式。缺点是其对账号有等级要求，相对比较麻烦。

八、利用软件群发进行推广

常见的推广软件有微信软件、邮件群发软件、短信群发软件、QQ 群发软件、论坛群发软件、搜索引擎登录软件等，通过大量讯息发帖，让更多的主体客户知道自己网站或产品的相关信息。要注意的是，一定要提供给接收人有用的讯息，不然往往适得其反，达不到理想的效果。

九、视频推广

视频营销指的是以视频为载体，通过在视频中添加合适的推广信息，将各种视频短片以各种形式放到互联网上，达到一定宣传目的的营销手段。网络视频是一个高层阶段，实际上就是媒体功能和网络传播的结合。这样一些传播方式和传播功能，构建了新的虚拟空间和现实空间的融合。

十、利用新媒体进行推广

新媒体指微博、微信、直播、短视频之类的网络媒体。构建于这些渠道的广告推广就是新媒体广告推广。微信、微博主要是通过软文营销。短视频、直播则可以进行广告植入，和电影中插入广告相类似。目前利用新媒体进行广告投放已经是大势所趋，投放效果相比较传统媒体性价比还是比较高的。

总之，网络推广方法千变万化，但是万变不离其宗，要根据自己的实际情况选择适合的推广方法。

本章小结

1. 网络视频营销指的是企业将各种视频短片以各种形式放到互联网上，达到一定宣传目的的营销手段。

2. 网路视频营销的特点：成本低廉、目标精准、互动 + 主动、传播迅速快、效果可测。

3. 网络视频用户规模快速发展，互联网视频行业的竞争格局已经基本显现。

4. 网络视频营销策略：网民自创策略、病毒营销策略、事件营销策略，整合传播策略。

5. 网络视频营销模式：视频贴片广告、视频病毒营销、UGC 模式、视频互动。

6. 网络视频营销推广方法：利用搜索引擎进行推广；利用博客进行推广；利用论坛进行推广；利用“病毒”进行自动推广；软文推广；利用网络新闻和网络事件进行推广；利用问答类网站进行推广；利用软件群发进行推广；视频推广；利用新媒体进行推广。

复习思考题

一、简答题

1. 与传统媒体广告相比，网络视频营销有什么特点？

2. 请简述网络视频营销的策略。

二、案例分析题

多芬《蜕变》视频营销

多芬是联合利华公司旗下的强势品牌，作为时尚前沿的品牌，其营销活动也引领着世界的潮流。

多芬曾在 10 多个国家，对 3300 位 15 ~ 64 岁的女性进行了访谈，调查的内容只有一项：什么是女性真正的美？

女性们认为：在主流文化中，美丽的定义和形象展现都太过狭窄，真正的美丽应该更多地关系到女人是谁，包括她们的心情、善良、自信和尊严。

在调研中发现，狭窄的美丽标准使得许多女性认为自己不够美丽，并且这种看法直接影响到了她们自己的自尊心、自信心和幸福感。

针对这个调研结果，多芬决定在全球发起一股“真美运动”之潮，探讨并追寻什么是女性真正之美——自然是美，内心是美，学会欣赏自己的美丽。多芬将运动的使命确立为：让女性每天都感觉更美丽。

作为“真美运动”的重要部分，多芬公司推出了一部75秒的广告片《蜕变》。在这部广告片里，没有顶级美女，也没有大投入制作，但其传达的观念却引起观看者的极大共鸣，使得她们纷纷参与到关于美丽的讨论和分享之中，这也让多芬的广告视频像病毒一样迅速传播，获得了5亿人观看的效果。

在“真美运动”中，多芬没有一味地宣传自己的产品，而是开展线下活动，从大众中评选真美女性。通过类似于“超女”的大众评选，寻求那些“外表超越了对美丽的模式化标准”的真美女性。为调动女性消费者的积极性，多芬在美国纽约时代广场制作了互动式户外票选显示屏，为每个人平等地表达自己的意见提供了机会，通过消费者的参与相互传播真美的理念。

多芬还同另一民间组织合作，邀请媒体和美容行业的专家举办了一场大型研讨会，辩论美丽的真义，并组织了一系列地方性研讨活动和照片影像落地巡展，将这场辩论从精英层推向民间社会。这个过程是为了告诉女孩们自然美、真善美和内在美的重要性，并教会她们怎样发现自己的美丽之处。这才是真正能感染目标对象的“病毒”，它促使这群刚萌发爱美之心的女孩子去思考、去发现真正的美。当她们从中领悟时，才会自发地去传递“真美运动”。前期的精彩铺垫为接下来的重头戏埋下了伏笔。

在悉心培植目标对象后，多芬开始打造拥有绝佳创意的“病毒”视频。

在这个名为“蜕变”的1分多钟广告中，出现的是一名叫斯蒂芬妮的女孩，她并非一名模特，相貌平平的她就和“邻家女孩”一样普通。影片一开头，斯蒂芬妮脸上没有任何化妆，穿着一件普通的衬衫坐在摄影棚中，脸上还可以见到一些明显的小斑点。接下来，一组专业的化妆师和美发师开始为她进行美容。化妆完成后，斯蒂芬妮已经“焕然一新”，几乎让人无法相信自己的眼睛。只见她脸色光润、眼睛迷人、头发飞扬，就像职业模特一样充满了魅力，仿佛脱胎换骨一般，和几小时前的那个“丑小鸭”不可同日而语！接下来，专家通过计算机软件对斯蒂芬妮的照片进行数字技术处理，让她照片上的脸庞达到毫无瑕疵的完美状态。先让她的头发更加流畅和整洁；拉宽眼睛，抬升眉毛，让嘴唇变得更加丰满；脸颊、鼻子和额头也都变得更窄，更符合大众的审美标准。同时脖子也被数字化拉长，变成了“修长的玉颈”。最后，这张照片简直可以和任何明星、超模的照片相媲美。没人会相信照片上的美女原来就是貌不惊人的“邻家女孩”斯蒂芬妮。

多芬用真实的镜头记录了一个相貌普通的平凡女孩如何在化妆师、摄影师和 Photoshop 软件的帮助下，变成公路广告牌上美若天仙的超级模特的过程。广告最后的字幕写道：“毫无疑问，我们的美感已经被扭曲了。”

由于这个“揭秘”视频妙趣横生、夺人眼球，该片通过网络渠道传播时，引发了消费者的强烈互动，甚至有女网友表示“这段视频让我对自己的感觉好了100倍！”他们自发传播该短片，和朋友讨论什么是真的美。“多芬”品牌也因此得到了有效推广，而且几乎没有花费任何媒体投放费用。

在线上线下系列活动推出两个月后，多芬美国销量上升了6倍，半年之后在欧洲的销量上升了7倍。

多芬这次成功的视频营销除了给公司销售业绩带来显著的提升，同时还为其品牌的长远发展打下了坚实的基础：

（1）大幅度提升了“多芬”品牌的知名度，多芬的视频营销集娱乐性和真实性于一身，直击女性及社会对于美的渴望、追求及困惑，让受众在欢乐的同时，又能领悟到什么是真的美，并且认同“多芬”所传达的这种对美的定义，从而自发地传递“多芬”及其品牌。极富感染力的“病毒”吸引了5亿网民的关注，大大提升了“多芬”品牌的知名度。

（2）通过完美诠释品牌理念，通过互联网的强大渗透力和宽广覆盖面，进一步放大了品牌影响力，“多芬”所传达的“真美理念”进一步发扬光大：什么是真美，为什么有那么多人觉得自己不美呢？那是因为人们对美的理解已经扭曲吗？其实，每个平凡的人都会拥有最美丽的时刻，不要因为看到他人的光鲜形象而感到妄自菲薄。受众通过“多芬”认识到了什么是真美，而对真美的认识，也使受众进一步了解和接受了“多芬”。

（3）提升了品牌的美誉度，增加了品牌的忠诚度。不同于其他视频广告，“多芬”没有一味地宣传自己的产品，甚至没有任何“软广告”的迹象，仅仅是告诉女人们自然美、真状况美和内在美的重要，并教会她们如何发现自己的真正之美。这“肺腑之言”更具杀伤力，在给众多女人带来自信的同时，也征服了女人们的“心”，赢得了她们的好感，使她们自发地传递“多芬”品牌，使用“多芬”品牌。

思考：

1. 制作成功的视频营销需要注意哪些方面？
2. 网络视频营销对企业的营销价值。

第九章 网络软文营销

【学习目标】

☆掌握软文和网络软文营销的含义

☆了解网络软文的战略定位

☆掌握网络软文的类型

☆掌握网络软文的创作技巧

☆了解网络软文营销的注意事项

【关键概念】

软文　网络软文营销

【引导案例】

一对情侣，男方非常懦弱，做什么事情都让女友先上。由于游轮事故，两人双双坠海，并遭遇鲨鱼，此男又让女友先行游过鲨鱼群，女友心灰意冷，自以为必死，结果鲨鱼却向男人游去，女友反而逃离险境。最后救援船的船长揭秘，原来此男关键时刻割破手腕，用血腥味引开鲨鱼，女友才得以逃生。女友听到真相悲痛欲绝，欲跳海自杀。船长拉住她："如果我是你，一定会好好地活下去，并用挖掘机把这条大海填平，为男朋友报仇雪恨。"女友沉默数秒，冷静地问："挖掘机技术哪家强？"

通过这个小故事你能看出是谁的广告吗？

第一节　网络软文营销概述

网络软文营销是不同于硬广告营销的一种全新的营销方式，与硬广告营销方法相比，网络软文营销具有不同的特点，同时，开展网络软文营销需要遵循一定的原则和步骤。

一、网络软文营销的含义及特点

软文的定义有两种，一种是狭义的，另一种是广义的。

狭义的定义是指企业花钱在报纸或杂志等宣传载体上刊登的纯文字性的广告。这种定义是早期的一种定义，也就是所谓的付费文字广告。

广义的定义是指企业通过策划在报纸、杂志或网络等宣传载体上刊登的可以提升企业品牌形象和知名度，或可以促进企业销售的一些宣传性、阐释性文章，包括特定的新闻报道、深度文章、付费短文广告、案例分析等。

本书所指的软文，就是广义上的软文。简单地说，就是企业的营销人员、品牌推广人员写成的具有一定传播效力，能够促进企业生产经营、产品销售或者品牌提升的一种文字广告形式。

软文可以是一篇普通的文章，也可以是一篇采访稿、一篇深度报道、一篇评论、一个知识分享等。不管软文采取何种形式，软文的本质就是广告。但是区别于传统的硬性广告，软文的推广将更加贴近消费者的内心，所以也往往会取得更加良好的宣传效果。

网络软文营销就是通过手机 APP、网站、论坛及其他互联网平台，向消费者传达一种隐性诉求，从而达到产品销量提升、品牌知名度拓展、品牌理念提升等目标的营销模式。简单地说，网络软文营销就是通过数字化、网络化的形式进行的软文营销。

网络软文营销的特点是企业投入较少，效果较好，准入门槛非常低，甚至可以说没有准入门槛。通常企业只需要买一台电脑、拉一根网线，或者更简单的，用自己的手机实现联网，就可以轻松地实现网络软文营销。也正因为网络软文营销的成本极其低廉，不管是个人、小微企业还是大型企业集团，都对网络软文营销非常推崇。

当然，网络软文营销可以比较轻松地实现，但是要起到很好的效果，却有很多的技巧，企业营销人员除了需要具备非常深厚的软文功底，更要非常深刻地把握网络营销的各种模式、技巧和方法，对网络平台和各种网络工具要运用熟练，这样才能最终做好软文营销。

二、网络软文的分类

总体上网络软文可以分为以下几种：

（一）悬念式营销软文

悬念式营销软文其核心是提出一个问题，然后围绕这个问题自问自答，通过标题悬念吸引读者强烈点击观看，并把内容看完。一篇好的悬念式营销软文可以起到事半功倍的效果。

（二）经验/科普式营销软文

经验式营销软文就是通过分享某种经验、某项技能、某种新科技，来达到企业宣传目标的一种软文形式。经验式营销软文，也可以称为科普式营销软文，因为文章看上去好像是在普及一种知识。

（三）新闻式营销软文

新闻式营销软文就是通过发布正规的新闻，来达到企业产品或者品牌传播目的一种软文形式。这种软文表面上和普通的新闻完全没有区别，企业也不用刻意去宣传自己，只要如实地写，媒体自然愿意发布，读者也自然愿意从心里接受。相反，如果刻意地宣传企业，广告味太浓，不仅媒体不会乐意发布，读者读了心里也会不舒服。

但是，要想进行新闻式软文营销，对企业的实力要求很高。对于绝大多数中小型企业，它们的产品并不能足够吸引人去阅读，也就是说并不具备良好的新闻性，这就要求软文的创作者在内容和标题的编排上，努力让软文看上去更像新闻，或者成为新闻，并努力维护好与公共媒体的关系，最终实现新闻营销。

（四）访谈式营销软文

访谈式营销软文就是通过对企业关键人物的访谈、报道，来提升企业的品牌形象，拓展企业的市场覆盖面。访谈式营销软文在网络营销中运营最为广泛，访谈式营销和新闻营销一样，具有“无广告”的“外衣”，但却依然可以行“广告”的事宜，并且广告的效果和穿透力都非常强，具有四两拨千斤的效果。也正因为这样很多企业即使花钱也愿意给老总来一个“访谈”，因为这个访谈已不仅仅局限于访谈，更多的是承载了企业价值的传播，企业形象的塑造和提升。

（五）情感式营销软文

情感式营销软文就是通过与读者分享一种情感或者情怀，让读者深切体会到企业人的创业情怀和心路历程，从而潜移默化地喜欢上企业，进而喜欢并购买和消费企业的产品。

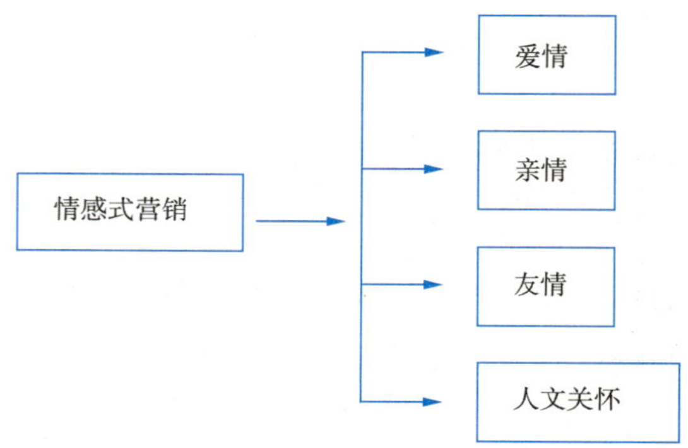

（六）趣味式营销软文

趣味式营销软文就是通过描述一件非常有趣的事情、一个非常尴尬的过程，来达成企业宣传目的的一种软文。趣味式营销软文是软文的一种至高境界，既要做到趣味盎然，成为互联网上的新鲜事件、热点事件，又要“顺便”对企业或者产品进行宣传，还不能太过明显，因为一旦广告味过浓，那么软文的趣味也就失去了。

2014 年 9 月中旬，互联网突然兴起了一股讨论猫爪到底能不能设为手机解锁指纹的热潮，而这个热潮的掀起，缘起就是一篇《千万不要用猫设置手机解锁密码》的文章。看完全文，都找不到一处广告，全文以非常俏皮轻松的网文风格，图文并茂地讲述了作者出于好奇把猫爪设为手机的解锁指纹之后遇到的一系列囧事，坐车上不了地铁，开会时猫坐在电脑上等。这篇文章一经发布，立即引起了互联网用户的强烈关注，各大论坛、微博纷纷转载，网友纷纷留言评论，仅原发微博点赞就达 26 万。那么广告隐藏在哪里呢？其实，答案不言而喻，文章最重要的一个道具“手机”，文章是图文并茂呈现的，而图片中出现的手机就是“广告”，手机上的华为标志，包括接下来引发的讨论、网友询问手机品牌的各种互动，这些才是真正的广告。这就是典型的一个趣味式营销。

（七）警醒式营销软文

警醒式营销软文就是通过善意的提醒、提示或者警告，来告诉目标群体企业所需要传达的内容，促成目标群体对企业产品的购买决策。警醒式营销软文，也可以称为警告式营销软文。

比如：《再不买就迟了，××商品西单再次告急?》《20 岁以上的点进来，不然后悔都来不及!》《1979 年出生的人，今年这四件事别干!》《20 岁没钱没事，30 岁没钱也没事，40 岁就……》，如此种种，都属于警醒式营销软文。

（八）促销式营销软文

促销式营销软文就是以给读者放送一些优惠为途径来达成企业宣传目标的一种软文形式。促销式营销软文与警醒式营销软文有着异曲同工之妙，通过促销、优惠、放送一些特别信息为途径，让消费者了解企业的产品，并最终做出购买决策。促销式软文，因为比较容易实现，并且具有一定的实效（消费者的购买转化），所以在企业中的运用最为广泛。

例如，每到节假日、双十一、双十二，大家手机收到的各种促销短信，《××商品五一特惠，满××送××》《长假来临，买一个包包送老婆!》《双节来临，下单立减 30》等等，以及网页上充斥的各种活动信息，这些都属于促销式软文。

（九）借势式营销软文

借势式营销软文就是借着当前的特点事件、时事新闻或者娱乐八卦，来达成企业宣传的一种软文形式。

例如：在奥运期间，作为运动品牌的企业，可以借着奥运的话题热点，将自己的品牌理念完美地植入到相关话题中，引起目标群体的共鸣，达成企业营销的目的。《刘翔夺冠，多亏了这双鞋!》可以写写刘翔平常穿的鞋子，比赛穿的鞋子，我们企业的鞋子和刘翔的鞋子有什么共同之处，通过简单且巧妙的类比，来完成企业自身的品牌传播。

以上就是网络营销软文的九种类型，不同的形式具有不同的效果，企业可以根据自身的发展情况，做出合适的选择和安排。对于同一个产品的宣传，不同的阶段也可以选择不同的形式，比如脑白金的推广模式是：新闻式软文——悬念式软文——经验/科普式软文——情感式软文——促销式软文，通过一系列的软文，让消费者全方位地认识到产品，并逐渐信任产品，最终做出购买决策。

第二节　网络软文营销的战略定位

在做网络软文营销之前，首先要制定详细的战略定位和营销策略，然后才能去执行。

例如，如果要针对一件母婴用品进行网络软文营销，首先要想到，我们进行网络软文营销的最终目标是什么，是产品销售还是品牌的传播，产品销售需要达到什么样的效果，品牌的传播是品牌认知度的传播还是品牌理念的提升和强化，还是品牌情感的传达；其次我们才能根据最终要实现的目标来制订指导计划，如何按部就班、循序渐进地来实现目标，执行的过程中各个部门如何配合，各个环节如何监控等。

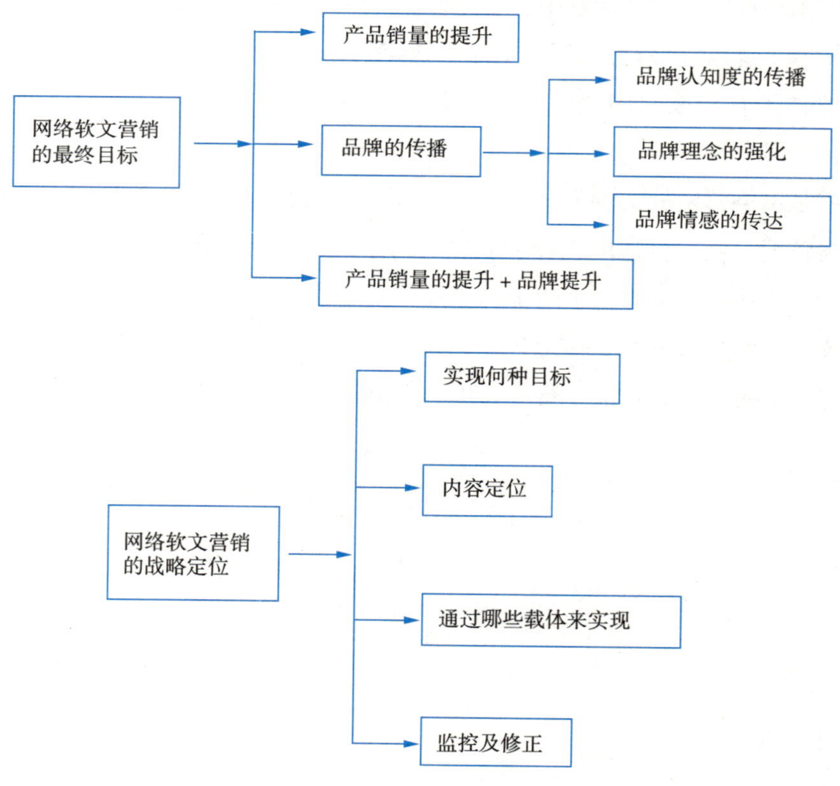

一、网络软文的目标定位

企业的不同发展阶段，适合不同的营销定位。对于小微企业来说，更多的是需要销量；对于中型企业来说，更多是销量和品牌的协同发展；对于大型企业集团来说，则更注重品牌的拓展和提升，因为对于他们，品牌的提升也就等同于销量的提升，并且这种提升是更加具有可持续性的。

以销量提升为例，可以制订一个计划，通过本次软文营销要实现多少销量，然后根据销量和营销展现的比例，我们可以确定需要多少展现，最后才能确定需要在什么样的平台传播，以哪种方式来传播。

例如，一家在淘宝上销售女装的企业，希望通过软文来实现销量的提升，根据以往的数据模型，假设软文的500个浏览可以带来一个成交客户（数据仅为假设，不做真实性研究），企业想要实现1000个销量，那么，软文至少需要50万的浏览量；我们再假设一个微博大V粉丝数是200万，平均一篇文章发布后的浏览量是10万，那么，需要找5个这样的大V才能实现我们的目标。而不是简单地看粉丝数量就确定1个大V就行了。

当然，这里还涉及不同平台的转化率问题，即不同的平台目标群体是不一样的，同样的浏览量带来的销量也不太一样。这就需要在制订计划时通盘考虑，尽最大可能地投放到目标客户更为精准的平台。

对于有资金实力的大型企业来说，可以在营销的过程中逐步通过建立起自己特有的数据模型，来更好地指导营销活动。

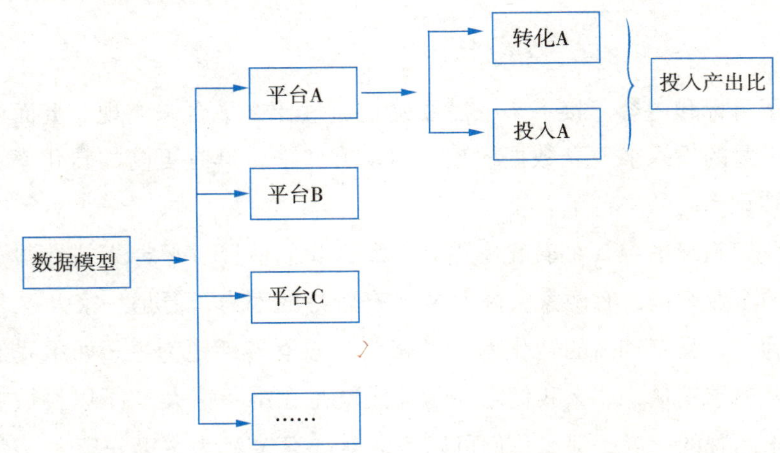

二、网络软文营销的内容定位

制定了精确的目标之后，要根据企业的具体特性，来确定使用什么样的方法来实现目标。也就是，软文的内容定位。

软文的形式多种多样，前面已经介绍过，不同的模式具有不同的传播效果，可以根据不同的目标来确定不同的软文形式，或者采用多种形式一起集中投放或依次投放。目的就是在同一时间或不同时间对消费者进行“劝导”和“拉拢”，让他们最终成为我们的客户。

例如，德芙巧克力侧重于女性市场，而女性基于情感的因素较多，所以德芙的宣传往往都赋予产品一种美好和精神向往，让人一看到德芙就联想到爱情和甜蜜，巧克力的“甜”成为生活中的“甜蜜和幸福”。德芙是通过情感打造的模式来塑造品牌和进行营销。还有一些企业则是通过科普式的经验、技术、知识的分享，来达到营销目的。比如大家都很熟悉的脑白金，以及市场上大多数的保健品、医疗器械公司。

举一个例子，一家主营女装销售的企业，软文可以是各季服装搭配知识、服装的流行趋势等，让软文真正服务于消费者，这样消费者才会更加关注你，对你产生好感，进而成为你的客户。

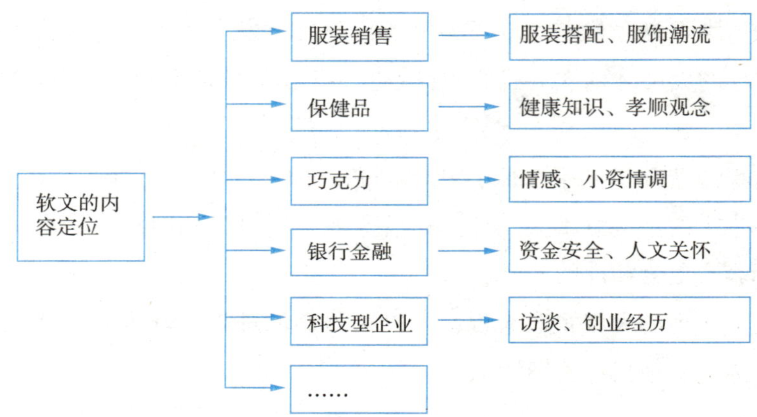

三、网络软文营销的平台定位

确定好了目标和内容，接下来，需要确定通过什么平台来实现。上面讲到企业可以通过前期少量的投入来建立数据模型，确定哪些平台具有更高的转化率，然后集中优势资金对转化率高的平台予以投放。

例如，我们确定平台 A 的转化率更高，那么我们就针对平台 A 进行投放。拿一家做服装销售的企业举例，有两家微博大 V 具有较好的潜力，但是一家大 V 平常的内容以服饰时尚为主，具有较高的转化率，一家大 V 以女性话题为主。如果我们的软文营销首要目标是追求销量，那么我们第一考虑的就是在第一家大 V 予以投放。如果我们更多的是追求品牌的拓展，那么我们可以考虑第二家大 V 为主第一家大 V 为辅的投放方式，因为第二家大 V 侧重女性话题，具有更好的情感传播力度，对于企业品牌的提升将是很好的辅助。

四、网络软文营销的监控及修正

软文制定好了，投放计划和渠道也确定，最后就可以进行直接投放。但是做到这

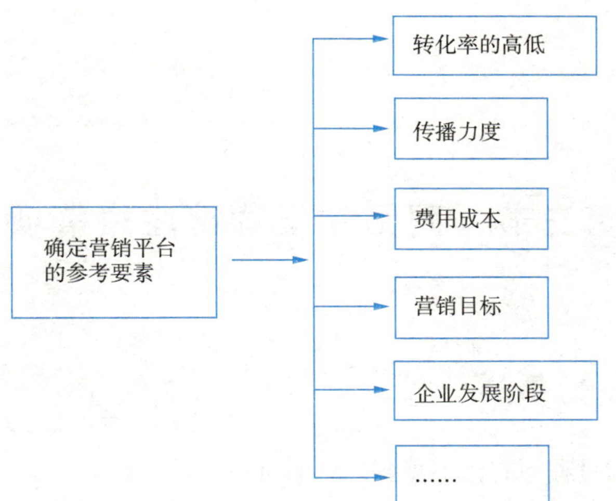

步并不是就高枕无忧，放任不管了。我们还要对每一个步骤所执行的内容进行及时的监控，看看效果如何，是否达到了预期的目标。如果达不到，那么我们还需要及时地进行修正，并反馈到投放行动当中。

例如，一家做健康产品的企业，在一个健康论坛里面发布了一篇营销软文，原先预计的是当天前 3 个小时达到 5000 的浏览量，但是实际监测结果是只有 2000 的浏览量，那么就要对营销方案进行及时的反思和修正，看看问题到底是出在哪里，是软文不够好，没有引起用户足够的关注，还是当天平台上具有更强烈的热点话题，因为热点话题的冲击导致效果不及预期，还是其他因素。

如果是软文不太好没有引起用户足够的关注，那么马上修改软文，在第二梯队平台进行追加投放。如果是因为当天热点话题的冲击，那么换个时间在其他的平台进行投放，甚至可以考虑换个内容，因为已经发过的内容重新发布往往有“过时”的风险。如果是因为互动做得不好，那么马上增加互动，观看之后的效果。

第三节 网络软文营销注意事项

在网络软文营销过程中有以下需要注意的事项：

一、写一个优秀的标题

在互联网时代，信息量的庞大，使得很多用户在获取信息的时候仅仅只是通过标题来判断，即标题的好坏决定着软文成功的90%。一篇软文，内容再动人，但是它的标题取得不好，用户依然不会点进去阅读，这就是标题的重要性。

好的标题要具备五个要素：

（一）足够吸引

或通过悬念，或通过数字，或通过提醒警告，总而言之，就是需要有足够强大的吸引力，让用户能够自主地点进去看。

（二）请君入瓮

将目标群体非常合理地拉拢进去，并在正文的深度沟通中，潜移默化，深度转化，把本是毫不相干的陌生人，转换成企业的一般粉丝、中级粉丝，直至超级粉丝。

（三）情感胁迫

极力渲染目标群体的痛点，让目标群体如坐针毡，最终步入企业为其量身定做的“甜蜜陷阱”。

（四）杜绝广告

尽管软文属于广告的一种范畴，但是标题一定要尽量避免广告的嫌疑。

（五）杜绝标题党

尽管制作标题我们要对目标群体极尽吸引，但是文不对题、引起目标群体反感的“标题党”仍然是一个不可触犯的“禁区”，而且现在一些平台对于标题党的问题已经出手整治。

二、开篇布好局

对于一个阅读者来说，开篇的几句话，往往也是印象最深刻的话。如何在短短的开篇就吸引住他们、留住他们，这也是我们软文创作要非常注意的。

如何做好开篇，我们提供四种思路：

（一）悬念式

如脑白金的某篇软文开篇写道："1995 年开始，美国人疯了！1996 年开始，日本人疯了！"抛出悬念，吸引读者继续往下读。

（二）文艺范式

如德芙某篇软文的开篇："我能想到最浪漫的事，在徽州的水墨古镇中，看画中的风景画中的你。我能想到最浪漫的事，在香格里拉古城最大的转经筒下，与你转起那轮回的前世与今生。"这样的文字一看，即使读者再心如刀铁，也势必马上融化。

（三）专家式

比如茅台案例的开篇："一项长达 4 年多的课题研究得出结论，长期饮用茅台酒的人，不仅不会导致肝纤维化进而继发肝硬化，反而有护肝的保健作用。"

（四）层层铺垫式

层层铺垫式，即一层一层铺垫，慢慢解开，越解开，越有料，越吸引人。

三、不急于"广告"

虽然软文的本质是广告，但是在创作软文的时候千万别处处都涉及广告，一篇好的软文，往往是让读者觉得其中没有广告。正因如此，在创作软文的时候，往往首选不需要考虑广告，仅仅把它当成一篇普通的文章来写。等创作结束，再回过头来看，哪里适合加广告，哪里加广告可以不露痕迹。

（一）无广告胜有广告

软文的最高境界是"无广告"，一篇软文如果创作成看上去完全没有广告，但又达成企业宣传的目标，那么这就是一篇相当优秀的软文。

（二）广告可以不局限于文字

如上面提到的案例《千万不要用猫设置手机解锁密码》，这就是典型的"无广告"的软文案例。它的真正广告植入于图片中，植入于与用户的回帖讨论之中。

四、把自己当成读者

由于软文的特性，软文不是依靠强迫的方式推送到读者面前，而是需要读者自主地点击进去阅读，所以，软文营销要想取得优秀的成果，创作者必须把自己当成读者来对待，读者需要什么，作者就提供什么；读者关心什么，作者就解决什么；读者喜欢什么样的文风，就写成什么样的风格。

例如前面提到的德芙软文广告，因为德芙注重的是人的情感，把产品当成有生命的物体来对待，对产品赋予精神向往、美好的精神寄托，所以，软文从美好的爱情、文艺情怀入手，就是一个非常好的切入点，能够立即拉近与目标客户的距离。

五、注重每一个细节

从开篇到中间的行文再到结尾，都要注重每一个细节，把软文当成艺术品来创作，而不是当成广告来对待。一句话来总结，写作营销型软文，就是要把生活当成艺术，把普通当成高尚，把平凡变成不凡。

另外，创作完成之后，要把文章仔细检查一遍，看什么地方逻辑不通或者有明显的引用错误。

六、尽可能地风趣化、网络化

由于营销活动是在网络上进行，所以语言需要尽可能地风趣化、悬念化、网络化，这样更贴近潜在客户，与他们沟通起来也就更加容易。

七、及时互动，维系粉丝

软文一旦发布，如果有用户回复，需要在最短的时间内予以回复，这样目标客户才能感受到诚意和善良，并最终拉近和客户的距离。如果有用户的互动把回帖的方向带向了另一个方向，则需要进行及时引导和梳理，让帖子重新回到企业预先设定的方向。

八、及时检测软文营销的投放效果

从软文的阅读量、点赞或者回复的数据，来判断软文营销是否达到了预期的效果。如果达到了，可以总结一下经验以便下一次强化；如果没有达到，就要尽快分析查找原因，并且以最快的速度予以修正。

九、选择合适的软文营销平台

确定好了软文的内容，在何种平台予以传播也是至关重要，因为不同的平台传播的速度、渗透的力度、潜在客户的特性都有所不同。下面列举一些常用的软文营销平台：

传统网络平台：百度贴吧、天涯社区、各新闻网站、新浪博客等。

新媒体平台：知乎、豆瓣、微博、微信公众号、微信朋友圈、钛媒体、虎嗅网、今日头条、简书等。

本章小结

本章系统地讲解了网络软文营销的含义、网络软文营销的定位、软文创作技巧和规范、网络软文营销的注意事项等知识。在传统媒体行业，软文就备受推崇，最大原因就是各种媒体抢占眼球竞争激烈，人们对电视、报纸的硬广告关注度下降，广告的实际效果不再明显，第二大原因就是媒体对软文的收费比硬广告要低得多，所以在资金不是很雄厚的情况下软文的投入产出比较科学合理。所以企业从各个角度出发愿意以软文试水，以便使市场快速启动。而移动互联网的普及和新媒体的崛起又为软文营销提供了新的机遇。

一、简答题

1. 什么是软文？
2. 网络软文营销的含义是什么？
3. 软文都有哪些类型？
4. 网络软文营销的实施步骤是什么？
5. 网络软文营销都有哪些注意事项？

二、应用题

1. 以一家销售真皮女包的淘宝小微企业为例，写作一篇投放到新浪博客大 V 上的营销软文。要求行文流畅，或优美，或江湖，或古典，或二次元，形式不限。软文的宣传目标仅仅需要做到向用户传达，该皮具企业是一家淘宝企业，专注真皮女包销售。要求 500 字以上，广告不生硬，可以图文并茂。

2. 某服装企业制定了一系列的网络营销软文，准备于今天开始投放，可是第一篇文章刚一投放，网上突然爆出某知名影星离婚的热点事件，因明星效应的冲击，原本企业准备的软文已不够引起广大用户的关注，请问作为企业网络营销负责人的你，该如何应对？写出具体的应对方案。

第十章 网络论坛与博客营销

【学习目标】

☆了解网络论坛、博客的概念

☆了解常用的网络论坛、博客

☆掌握网络论坛营销与博客营销的特点

☆掌握网络论坛营销与博客营销的开展步骤

☆掌握网络论坛营销与博客营销的策略

☆掌握网络论坛营销与博客营销的推广方法

☆了解网络论坛营销与博客营销的注意事项

【关键概念】

网络论坛　博客　网络论坛营销　博客营销　意见领袖　话题营销　事件营销　求助营销

【引导案例】

某北漂女在网络上发文自称自己就快要结婚了，可是买不起婚房更买不起钻戒，房子也就罢了，北京的房价让多少北漂族望而却步，但是对于钻戒自己从小就怀有梦想，一辈子就结一次婚，希望结婚的时候一定是能够带着婚戒的，请求爱心人士帮助自己。

文章一发立即受到了网民们的较大关注，网上纷纷热议、转载。最后，HIERSUN（恒信）钻石机构创始人、董事长李厚霖表示愿意无偿资助女孩，给女孩免费提供一枚钻戒。

对于这一事件，你有什么看法，学完本章知识你又有什么看法？

第一节　网络论坛营销与博客营销概述

一、网络论坛营销与博客营销的概念

网络论坛，也称为 BBS，英文全称是 Bulletin Board System，翻译为中文就是“电子布告栏系统”。BBS 最早是用来公布股市价格等信息的，当时 BBS 连文件传输的功能都没有，而且只能在苹果机上运行。早期的 BBS 与一般街头和校园内的公告板性质相同，只不过是通过网络来传播或获得消息而已。

随后，有些人尝试将苹果计算机上的 BBS 转移到个人计算机上，BBS 才开始渐渐普及开来。随着爱好者们的努力，BBS 的功能得到了很大的扩充。通过 BBS 系统可随时取得各种最新的信息，可以通过 BBS 系统来和别人讨论计算机，可以利用 BBS 系统来发布一些“征友”“廉价转让”“招聘人才”及“求职应聘”等启事，还可以召集亲朋好友到聊天室内高谈阔论。比较有名的论坛有百度贴吧、天涯论坛、猫扑等。

网络论坛营销（Forum marketing）就是指企业利用网络论坛这种互联网交流的平台，通过文字、图片、视频等方式发布一些宣传企业产品、服务或品牌的信息，从而达到企业宣传目的的一种网络营销活动。简单地说，网络论坛营销就是企业利用论坛来进行的营销活动。

网络论坛因为具有人群划分、交互、即时等特点，论坛营销就像是企业与它的潜在客户在面对面交谈。通过论坛营销，企业可以更加深入地了解潜在客户的需求和心理，也就可以更加及时地改变产品设计、总结企业经营思路、拓展品牌的宣传模式等。网络论坛营销不仅在企业的日常营销活动中非常重要，在企业面对危机的时候也能够大显身手，往往具有四两拨千斤的功效，在较短的时间内帮助企业渡过难关。

博客，英文名为 Blogger，为 Web Log 的混成词。它的正式名称为网络日记；又音译为部落格或部落阁等，是使用特定的软件，在网络上出版、发表和张贴个人文章的人，或者是一种通常由个人管理、不定期张贴新的文章的网站。博客上的文章通常以网员形式出现，并根据张贴时间，以倒序排列。博客是继 MSN、BBS、ICQ 之后出现的第4种网络交流方式，现已受到大家的欢迎，是网络时代的个人“读者文摘”，是以超级链接为武器的网络日记，它代表着新的生活、工作和学习方式。许多博客专注在特定的课题上提供评论或新闻，其他则被作为比较个人的日记。大部分的博客内容以文字为主，仍有一些博客专注在艺术、摄影、视频、音乐、播客等各种主题。博客是社会媒体网络的一部分。比较著名的有新浪、网易等博客。

博客营销就是指企业通过博客网站或博客论坛发布文字、图片、视频、音频信息，从而宣传企业产品或服务，提升企业品牌知名度、强化企业品牌理念的一种网络营销活动。简单地说，博客营销就是企业通过博客平台来进行的网络营销活动。

博客虽然没有论坛那么优越的交互性，但是因为它具备论坛所没有的“意见领袖”、人文交流、深度转化等特性，使得博客营销在企业的网络营销活动中也不可替代。企业可以通过博客进行日常的营销活动，也可以进行危机公关，还可以进行潜在目标的转化，通过吸粉、粉丝的维系、粉丝的深度转化，将本来毫不相干的潜在客户，转变为企业的忠实客户。

“意见领袖”是指在人际传播网络中经常为他人提供信息、意见、评论，并对他人施加影响的“活跃分子”，是大众传播效果形成过程的中介或过滤的环节，由他们将意见领袖信息扩散给受众，形成信息传递的两级传播。传统意见领袖对于舆论和受众的影响力和感染力是巨大的，并且他们活跃在社会生活的方方面面。

当今社会逐渐迈进了互联网高速发展的时代，而互联网络也是继传统的三大媒体（报纸、广播、电视）之后发展起来的“第四媒介”，互联网络的广泛运用给人们的传播方式带来了巨大的冲击和影响，因此在网络虚拟社区（网络论坛、微博客等）的新环境下，活跃着一批被网民称之为“网络意见领袖”的特殊分子。活跃在网络当中的这类人群，在虚拟论坛社区成员的拥护下，成为社区舆论的制造者、信息的传播者和效果的影响者，进而将其个人感召力和影响力辐射至现实生活当中。

网络论坛与博客是互联网发展到 WEB2. 0 时代的产物，由原来的网站建设者提供内容变成全部的互联网用户均可以创作内容发表到互联网上，并与其他用户互动。

二、网络论坛营销与博客营销的特点

论坛和博客都具备人群划分、交互性、即时性等特点，专业领域的论坛人群划分更加精准，论坛的交互性和即时性、传播速度、渗透力也更强。不过博客在目标客户的转化上具有更加优越的表现。因为博客可以聚粉，留下来的粉丝企业可以每天与他们进行交流；而论坛每天都有不同的热帖，企业发布的帖子下沉后就几乎得不到足够关注。

因为论坛和博客各有特点、各有千秋，无法简单地说谁更好谁更差，企业在生产

经营中可以同时进行论坛营销和博客营销，多维度、全方位地进行企业的网络营销活动。

论坛与博客共同的特点有：

（一）成本低

论坛和博客营销所需要的成本极其低廉，企业将自己需要诉求的内容整理成资料后，做好计划，拟定策略，只要注册论坛和博客账号，就可以轻松地将其发布出去。比如国外一家葡萄酒公司 Stormhoek 公司就是通过博客营销，仅仅使用了 100 瓶葡萄酒，就达到了最终年销量 10 万箱的效果。

（二）见效快

因为论坛和博客都是即时传播的，所以见效非常快。如果策划得当，一个好的话题性帖子几分钟就能引爆网络。相反地，如果哪个环节出现错误，其负面效果也同样会迅速传播，并且具备超强的杀伤力。

（三）传播速度快

一根网线连接天下，企业营销人员发布文章，只要点一下鼠标，文章的内容就能被全世界看到。同时，网民的回帖讨论也就被全世界所展现。也正因为这样，我们在做论坛和博客营销的时候，主题文章上线之前一定要检查好各个环节，看是否还有漏洞，以免后期无法弥补。

（四）传播面广泛

企业发布营销文章之后，文章很可能被感兴趣的网友所转载，一传十，十传百，继而引发更加广泛的人群讨论。

（五）互动性强

在论坛和博客里网民随时可以回复，提出问题、分享建议、探讨观点，或者转发文章，作者也随时可以进行回复，与回复者进行耐心交流。

（六）更有针对性

企业可以根据自己行业的特点，选择在哪种平台进行投放。同时，投放的内容也往往是更加有针对性，比如婆媳关系的话题、婚姻的话题、科技的话题等。

第二节　网络论坛营销与博客营销的实施

一、网络论坛、博客营销的准备工作

（一）确定营销的载体

确定营销的载体就是要确定在哪个论坛、博客上进行营销。论坛多种多样，博客千奇百怪，企业选择在什么平台来进行营销活动，可以根据企业自身的特点来确定。例如，如果企业是专注于某一领域的产品销售，那么企业可以去选择专业领域的平台作为载体；如果企业的潜在客户面非常广泛，那么可以选择综合性的平台。此外，企业可以两种平台同时选择，双管齐下。

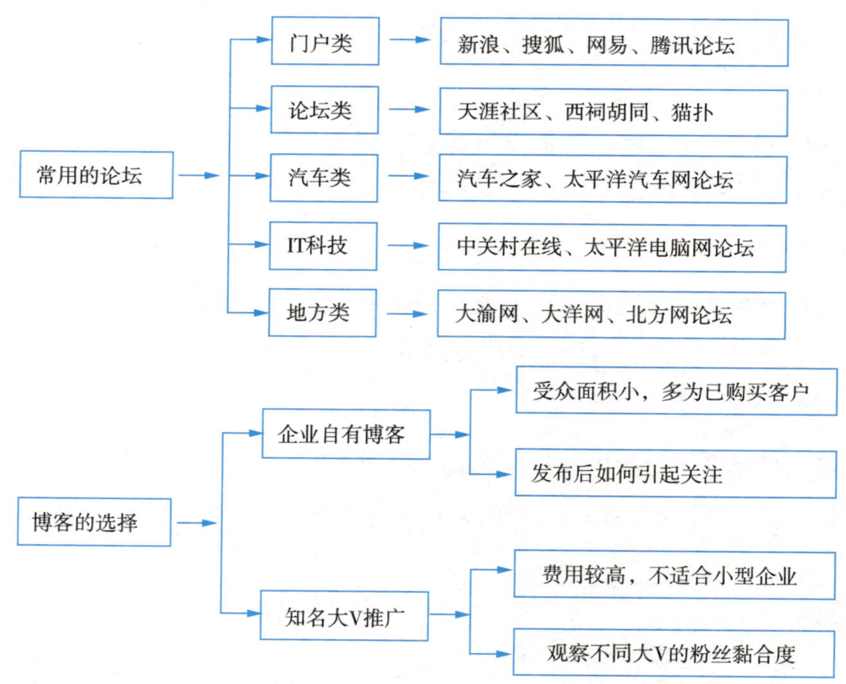

（二）注册账号

企业要想进行论坛和博客营销，首先需要具有论坛或博客的账号。

（三）对账号进行合适的定位

在论坛或者博客里一个账号就是一个人，所以我们必须赋予账号一定的内涵，包装好账号的形象。这个形象既包括账号的昵称，也包括头像、年龄、性别、个性签名、活跃记录、风格特性等。所谓活跃记录，就是账号以前的发布文章的情况，风格特性就是账号的文字风格、个性特点等。

用来发布营销主题帖的账号，最好之前有使用记录，因为一个新注册的账号发布的帖子权重较低，引起用户关注的可能性较低。同时，也要求账号的形象和文字风格与企业的产品、品牌内涵相符合。所以经常进行论坛和博客营销的企业可以长期培养几个合适的账号，经常以一个普通用户的身份进行发帖回帖，保持账号的形象风格。当然，对于资金实力强大的企业，也可以通过购买的方式来获取一个高质量的账号。

（四）合理的信息收集

对目标平台进行合理的信息收集，包括每天的发文数量、平均一篇文章沉底的时间、哪些类型的内容更容易引起关注、置顶文章的回复数量、用户的共性等。通过这些数据，我们可制订更加完善的营销方案，取得成功的可能性也更大。

二、网络论坛、博客营销的总体策略

下面介绍一下网络论坛营销和博客营销的总体策略。

（一）话题营销策略

话题营销就是通过制造一个能够引起广泛共鸣的话题，来激起用户的广泛讨论和转发，从而在较短的时间内增加企业产品、品牌的曝光度，提升企业的产品或者品牌的知名度。

例如，安琪酵母《一个馒头引发的婆媳大战》，就是典型的话题营销，文章由一个南方的媳妇和北方的婆婆关于馒头发生争执的故事，进而引发到酵母的使用问题，再转到酵母不仅仅可以发面还可以直接食用，而且具有“瘦身减肥的效果”，最后通过预先计划好的引导直接临门一脚，把话题引入到“减肥”上面。话题引起了网民们广泛、持久的讨论和转载，从而在较短的时间内将安琪酵母食用酵母粉产品推到市场面前，产品得到非常好的推广，企业品牌知名度和形象也得到了进一步的完善和提升。

话题营销做好的关键在于企业对于话题方向的完美把控，让网民讨论的方向和内容始终朝着有利于企业的方向发展。如果偏离预期，需要迅速做出回应，及时纠正。这就要求企业组建一个非常优秀的营销团队，这个团队不仅专业过硬，反应还要非常快。

例如，当《恋爱先生》热播的时候，一家主营婚姻介绍的全国性企业完全可以依托热点，在互联网上掀起一场“红娘行动”的网络探讨，进而提升企业的知名度，促进业务的增长。

（二）事件营销策略

事件营销就是通过某件发生的事情，将网民讨论的激情激发起来，并引导到企业产品的宣传推广之上。事件营销在企业的论坛营销中最为广泛，因为有现成的事件，不用企业去策划，或者企业可以通过简单的引导或者加工比较轻松地实现事件营销。

事件营销的效果往往非常深刻，传达的力度往往非常强。人们虽然不在现场，但却能够感同身受，如身临其境，正因为这样企业产品或品牌的传播也将更加深入人心。

（三）活动营销策略

活动营销就是通过策划一场网络活动来达到企业宣传目的的一种营销模式。活动营销和事件营销具有异曲同工之妙，因为都是极大地调动了用户的主动性和积极性，让用户真正身心均融入进来，从而达到情感和思维上的共鸣。

活动营销往往需要具体的线下操作。如果一家卖摄影器材的企业做博客活动营销，可以以“赠送相机，向全国征集 50 张珍贵照片”为主题来展开。

（四）新闻营销策略

新闻营销就是通过发布可能引起广泛用户关注的新闻话题，来吸引用户参与讨论，引起共鸣，进而在短时间内让企业的产品或者品牌迅速在互联网上“曝光”，达到企业宣传目的的一种营销模式。一个好的事件营销，很可能成为一篇好的新闻；一个好的新闻营销，也往往成为一个优秀的事件营销。

以上几种策略往往是融会贯通，相互渗透弥补的。

（五）求助营销策略

求助营销就是通过向网友求助的形式，博得网友同情心、好奇心，引发网友广泛关注并参与讨论，最终达成企业宣传目标的一种营销模式。

例如，某年端午节，一家企业为了在互联网上推出一款名叫五色素食的点心，让消费者通过互联网购买，于是在论坛上展开营销。企业首先选择在网易论坛上发了一篇关于五色素食的求助帖子，帖子内容如下：在网易上看到的五色点心，女朋友想吃，但不知道哪里能够买齐这五种，请帮忙提供一下线索。一开始以为很容易找到，但是想不到以前经常吃的水晶饼都找不到了，十万火急，请大家帮帮忙（请付上产品图片）。

网易论坛发布完之后，企业又把帖子上面的内容在广州各大论坛上公布，这样的攻势很快吸引了大批围观群众。推广五天之后，访问次数达到5152次，回帖共45帖，该企业水晶饼大卖。

虽然此次营销效果偏离预期，因为当初企业想主推的是五色素食，结果其中之一的水晶饼大卖，但是总算有结果，企业营销不算失败。这篇帖子是以一个男朋友为女朋友找点心为主题，得到许多女生回帖，从一定程度上让许多女生心理上形成落差，这会促使一部分男性去购买。另外，水晶饼是传统小吃之一，勾起了许多80后的回忆，对促进销售起到一层心理上的促进。总的来说，这次推广是还算成功。对于小微企业来说，这样的尝试未尝不可。

三、网络论坛、博客营销的操作方法

（一）账号发文，企业员工参与

比如论坛营销，企业在账号发布主题文章之后，让企业员工注册账号积极参与互动回复讨论，根据之前收集的数据模型，严格把控回复的热度及数量，引导论坛用户积极参与。

（二）多个平台轮动

当账号在一个论坛发布主题文章之后，在其他平台上也同时发布类似内容的文章，文章标题和内容做小幅度修改，让内容在互联网进行立体式的传播。

（三）积极与粉丝沟通

在不同平台上，账号都要随时保持与粉丝的互动，以最快的速度，最趣味的、人性的回复，充分调动平台粉丝参与的积极性和主动性，让他们成为企业营销活动的“马前卒”。

（四）多利用新型媒体和社交媒体

新型媒体和社交媒体在信息的传播上具有得天独厚的优势，因此营销团队应该多利用这些媒体平台，进行大量的转发和评论，引起更广泛用户的关注和共鸣，形成更大、更有深度的热点效应。

（五）建立真实营销模型

将整个营销过程记录在案，建立模型，以便为下一次营销活动做参考，同时也可以及时对本次活动进行监控和把控。比如什么时间发布的主题文章更易受关注，什么时间回复更容易引起用户共鸣，怎样的内容更容易戳中用户的痛点等。

第三节 网络论坛营销与博客营销的注意事项

因为博客和论坛的特殊性，又因为博客和论坛传播的迅速，在营销中尤其要注意以下几点，以免造成不必要的麻烦。

一、谨慎使用新闻，注意文字规范

由于新闻事件受国家各项规定的限制较多，在实际操作中我们一定要谨慎加谨慎，一定要符合国家各项法律法规。如果有条件，最好请专业的新闻单位来把关。

同时，我们要谨慎考虑我们的用词，不要涉嫌违反国家规定、不要违反法律法规。从搜索和传播的角度来说，要谨慎考虑文字，避免使用敏感词语，以免被搜索引起屏蔽。

二、防止侵权和造成不良后果

论坛和博客营销可能涉及版权、人的名誉和形象等权益的限制，所以在我们实际操作中应该考虑各个细节，照顾到各个方面，杜绝出现不好的结果。

三、防止竞争对手借势

在营销的过程中，从心里的角度来说，我们应该尽量运用趣味性方式，趣味性会增添营销的色彩，但是要注意保护自己，机会从来都是转瞬即逝，不要被竞争对手借力打力。

四、坚持实事求是、多方共赢的原则

由于论坛和博客营销具有不可预测的风险性，在做实体营销的时候应该坚持实事求是，切记虚张声势，从自身的实际情况出发，不浮夸，要对事件的可能后果负责，由于不可预测，浮夸的效果反而增加各方面的负担。

在事件营销和借势营销的时候，借力打力当然好，但是我们不要踩着别人的肩膀做出诋毁原事件，尤其是诋毁原事件人物的事情。我们应该尊重原事件，不要利用别人的短处去捧自己的长处。

五、切记不要“利欲熏心”

如果博客和论坛营销最终导致事件扩大，并朝着不可预估的方向发展，那么我们就要及时对自己的事件进行“管控”，及时“拨乱反正”，让营销回到正轨。如果无法回到正轨，应该坚持社会和谐的原则，哪怕是停止营销活动。切记不要“利欲熏心”，以致造成不可估量的后果。

本章小结

本章讲解了什么是网络论坛与博客，实施网络论坛营销与博客营销的方法和注意事项等知识，让读者明白什么是网络论坛和博客营销，如何做好论坛和博客营销，并通过对论坛和博客营销的模式分析来发散大家的思维，让大家明白论坛和博客营销应该采取怎样的策略，而不是仅仅停留在简单地发广告帖。

一、简答题

1. 什么是网络论坛、什么是博客？
2. 什么是意见领袖，其在营销中起到什么样的作用。
3. 网络论坛营销与博客营销都有哪些特点？
4. 网络营销与博客营销都有哪些策略？
5. 网络营销与博客营销的实施过程中有哪些需要注意的问题？

二、案例分析题

松下洁乐马桶盖网络营销案例

2015 年年初，著名财经作家吴晓波在网络上发布了一篇文章：《去日本买马桶盖》。这篇文章在网络上如一颗定时炸弹，让所有不知道这个品类的群众一下子关注到这里来。什么？马桶盖还要单独买？还要去日本买？一时间网络上“马桶盖”纷飞，到处洋溢着去日本买马桶盖的谈论。

吴晓波文章出来第二天，松下洁乐马桶盖官方微博微信就迅速跟进了这个热点，一下子就蹭上了这个新鲜的热点。更为“经典”的是，紧接着，CCTV 又报道了吴晓波上日本买马桶盖的事，把本就已经是热点的“马桶盖”推上了“巅峰”。

接着一两天，网络上很多大 V 开始迅速“自主”地把这件事与松下马桶盖放到了一起。由此铺天盖地的新闻和博主都直指松下马桶盖，把松下马桶盖和日本马桶盖迅速连在了一起，并且都是一个劲地“科普”：买马桶盖真没必要去日本，因为国内有松下生产，日本销售的也是中国松下生产的。

吴晓波文章出来一个礼拜左右，松下洁乐就上了各大新闻的头条，风光无限。随后，事件持续发酵……CCTV 和很多电视台争相报道，日本买的马桶盖是杭州生产的！

此时，松下洁乐再次及时反映，在头条新闻上予以回复：日本卖的杭州下沙产的马桶盖，正是洁乐公司生产。这条及时的回复被网民转发超过 6000 人次，其中不乏知名大 V 和媒体。

整个事件获得了几亿人次的曝光量，而所有这些曝光量都作为正能量照射到了一家企业身上，那就是松下洁乐！

[**案例分析**]

1. 根据案例，分析松下洁乐是运用哪种营销策略进行网络营销的。

2. 结合本章所学的网络论坛营销与博客营销策略知识，如果你是松下洁乐营销总监，试想还可以通过哪些方式进行更加有效的网络营销。

参考文献

（1）杨羽，黄宗捷．论网络市场及其特征与功能［J］．成都信息工程学院学报，2000，15（1）：1－8.

（2）劳帼龄．网络营销［M］．北京：化学工业出版社，2012.

（3）邓丰曼．网络消费者购买意愿影响因素研究［J］．商场现代化，2017（11）.